Z. Koudri

Learning to write the arabic Alphabet
Das arabische Alphabet für Anfänger und Kinder lernen

Z. Koudri

Learning to write the arabic Alphabet

Das arabische Alphabet für Anfänger und Kinder lernen

Rediroma-Verlag

Bibliografische Information der Deutschen Nationalbibliothek:
Die Deutsche Nationalbibliothek verzeichnet diese Publikation in der Deutschen Nationalbibliografie; detaillierte bibliografische Daten sind im Internet über http://portal.dnb.de abrufbar.

ISBN 978-3-98885-230-4

www.rediroma-verlag.de
11,95 Euro (D)

ض

الضّاد 1

﴿ كِتَابَةُ الحُرُوفِ بِالمَقَايِيسِ المَطْلُوبَة ﴾

سلسلة تعليم اللغة العربية
للمبتدئين، الأطفال والمعلّمين

المحتوي

ض

الحُرُوفُ العَرَبِيَة بِالتَّرتِيبِ الأَبْجَدِي القَدِيم «المشرقي»

الحُرُوف العَرَبِيَة بِالتَّرْتِيب الأَلِفْبَائِي "المَعْجَمِي"

أَصْوَاتُ الحُرُوف العَرَبِيَة

أ	[a:]	alif
ب	[b]	bā
ت	[t]	tā
ث	[θ]	sā
ج	[dʒ]	jeem
ح	[ħ]	ḥhā
خ	[x]	khā
د	[d]	dāl
ذ	[ð]	zhāl
ر	[r]	rā
ز	[z]	zā
س	[s]	seen
ش	[ʃ]	sheen
ص	[sˤ]	ṣuād
ض	[dˤ]	ḍuād
ط	[tˤ]	ṭuā
ظ	[ðˤ]	ẓuā
غ	[ɣ]	ghain
ع	[ʕ]	aain
ف	[f]	fā
ق	[q]	qāuf
ك	[k]	kāaf
ل	[l]	lāam
م	[m]	meem
ن	[n]	noon
ه	[h]	hā
و	[w]	wao
ي	[i:]	yā

عَلَامَاتُ التَّشْكِيلِ فِي اللُّغَةِ العَرَبِيَّةِ

علامة التشكيل تُوضَع أعلى أو تحت الحرف لتوضيح طريقة نُطقِه.

تُكتب علامات التّشكيل باعتماد تطويل "ـ" أو دائرة منقوطة "◌".

عدد علامات التّشكيل كبير نسبيا نذكر منها هنا الأساسي والضروري:

- الحَرَكَات
- التَّنْوِيْن
- الضَّوَابِطْ

المَدُّ:

وهو ثلاث:

* المدّ بالألف ◌َا (مع الفتحة)
* المدّ بالياء ◌ِي (مع الكسرة)
* المدّ بالواو ◌ُو (مع الضمّة)

الحَرَكَاتْ:

وهي ثلاثة:

* الفتحة ◌َ
* الضمّة ◌ُ
* الكسرة ◌ِ

وتسمّى أيضا بالحركات القصيرة

التَّنْوِيْن:

وهو ثلاثة:

* التّنوين بالفتح ◌ً
* التّنوين بالضمّ ◌ٌ
* التّنوين بالكسر ◌ٍ

الضَّوَابِطْ:

وهي أربعة:

* الشد ◌ّ
* المد ◌ٓ
* الوصل ا (همزة الوصل)
* القطع ء (همزة القطع)

هَمْزَة الوَصْل:

شكلها: ٱ (اثنان/ابن)

تُنطق في أوّل الكلمة ولكنها لا تُنطق أو تسقط عند وصل ما قبلها بما بعدها، ولا تُرسم عليها الهمزة.

هَمْزَة القَطْع: (أخي/إذا)

هي الهمزة التي تثبت نطقًا وكتابة دائمًا، سواء في أوّل الكلمة أو وسطها.

شكلها: "ء" فوق الألف عند الفتح والضمّ وتحت الألف عند الكسر.

ضف إلى الضوابط السُّكون وهو أحد شكلات الحروف لكن ليس بحركة وسمّي جزمًا اعتبارًا بانجزام الصوت وهو نقطة ◌ْ وفي ضبط المصحف ◌ۡ

ض

السُّكُونْ ه

لاَ يُنْصَحُ تعليم ولفظ الحرف السّاكن بمُفرده بل يجب أن نتعلّمه مع حرف متحرّك قبله. مثال: أَبْ، بَلْ

السُّكُونْ لَيْسَ حَرَكَةً بل هو عكس الحَرَكَةِ وهو علامة.

أمّا الحركات فهي: الفتحة، الضمّة والكسرة

لاَ يَجْتَمِعُ حَرْفَانِ سَاكِنَانِ فِي اللُّغَةِ العَرَبِيَّةِ

عِنْدَ تَفْكِيكِ الكَلِمَةِ، يَتْبَعُ الحَرْفُ السَّاكِنُ دَائِمًا الحَرْفَ المُتَحَرِّكَ الذي يَسْبِقُهُ.

مثال: تفكيك كلمة أَخْضَرُ

أَخْ / ضَ / رُ

لاَ تَبْدَأُ الكلمة العربية بحرف ساكن

مثال: انْطلق، اسْتقبل

نلاحظ أننا استعملنا همزة الوصل.

نتعلّم نطق الحروف الساكنة مع حرف متحرك، ويسمّى المقطع بالمقطع السّاكن: مثال: أَبْ، بَلْ

ض

إِمْلَاءٌ

- بَعْدَ كُلِّ دَرْسٍ -
- لِلْمُرَاجَعَةِ -

ض

التَّنْوِين

التَّنوين هو نون ساكنة، تلحق آخر حرف في الكلمة ويظهر في النُّطق ولا يظهر في الكتابة.

- أً ← أَن
- أٌ ← أُن
- إٍ ← إِن

أنواع التَّنوين:

- التَّنوين بالكسر ٍ
- التَّنوين بالضَّمّ ٌ
- التَّنوين بالفتح ً

التَّنوين لا يأتي في الأفعال ولا في الحروف وإنَّما في آخر الأسماء (التي لا تبدأ بـ "ال") بحركة مضاعفة

التَّنوين بالكَسْرة

نُضيف كسرتان آخر الحرف

- قلب ← قَلْبٍ
- بيت ← بَيْتٍ
- قلم ← قَلَمٍ

التَّنوين بالضَّمّ

نُضيف ضمّتان آخر الحرف

- قلب ← قَلْبٌ
- بيت ← بَيْتٌ
- قلم ← قَلَمٌ

عند التَّنوين بالفتح نُضيف فتحتان آخر الحرف وكذلك ألفًا

- قلب ← قلبًا / بيت ← بيتًا
- قلم ← قلمًا

* لا نضيف الألف في ثلاث حالات:

- إذا انتهى الإسم بحرف أ
نبأ ← نبأً
- إذا انتهى الاسم بالهمزة ء قبلها ألف
سماء ← سماءً
- إذا انتهى الاسم بـ: ة مدرسة ← مدرسةً

عند التَّنوين بالفتح نضع الفتحتان فوق الحرف الأخير قبل الألف وليس فوق الألف

- قلبًا وليس قلباً
- بيتًا وليس بيتاً
- قلمًا وليس قلماً

التَّنوين بالفتح

- الاسم الذي يَنتهي بهمزة قبلها ياء المدّ:
شيء ← شيئًا
- الاسم ينتهي بالألف المقصورة
فتى ← فتًى
- الاسم ينتهي بالألف الممدودة
عصا ← عصًا

التَّنوين بالفتح عند نهاية الاسم بهمزة ء

- إذا كان قبل الهمزة ألف مدّ نُضيف فتحتان بدون ألف
سماء ← سماءً
- إذا لم يسبق الهمزة ألف نُضيف فتحتان وألف عند التَّنوين
جزء ← جُزْءًا

ض

الشَّدَّة

هل الشَّدَّة حرف أم حركة؟

تعد الشدَّة في اللغة العربية حرفًا.

ما الفرق بين السُّكون والشَّدَّة؟

السُّكون هو الهدوء والصمت أمّا الشَّدَّة هي الضغط على الحرف.

من اخترع الشَّدَّة في اللغة العربية؟

أبو الأسود الدؤلي

متى نكتب الشَّدَّة على الحرف؟

نكتب الشَّدَّة عندما يتلاقى حرفان متشابهان أولهما ساكن والثاني متحرك.
مثال: حُبٌّ أصلها حُبْبٌ

كيف نفكّك كلمة فيها شدّة؟

الحرف السّاكن يذهب مع الحرف الذي سبقه
مثال: حُبٌّ ⇐ حُبْ/بٌ

هل تبدأ الكلمة بحرف مشدَّد؟

لا تبدأ الكلمة العربية بحرف مشدَّد، لأنها لا تبدأ بسكون لا نقول ثّواب وإنما الثَّواب أو ثواب.

كتابة الشَّدَّة

مع الحركات القصيرة
- مع الفتح ّ جَنَّة
- مع الضمّ ّ يَشُدُّ
- مع الكسر ّ رَبِّ

الشَّدَّة مع المدّ

(الحركات الطويلة)

عُمَّال
صَلُّوا
أُمِّي

هل يلتقي حرفان مُشدَّدان؟

نعم يلتقيان
مثال: أُمِّيُّونَ.

الشدّة مع التّنوين
- مع الفتح: حقًّا
- مع الضمّ: كلٌّ
- مع الكسر: نبيٍّ

ض

تَمْرِين فِي التَّخْطِيطْ :

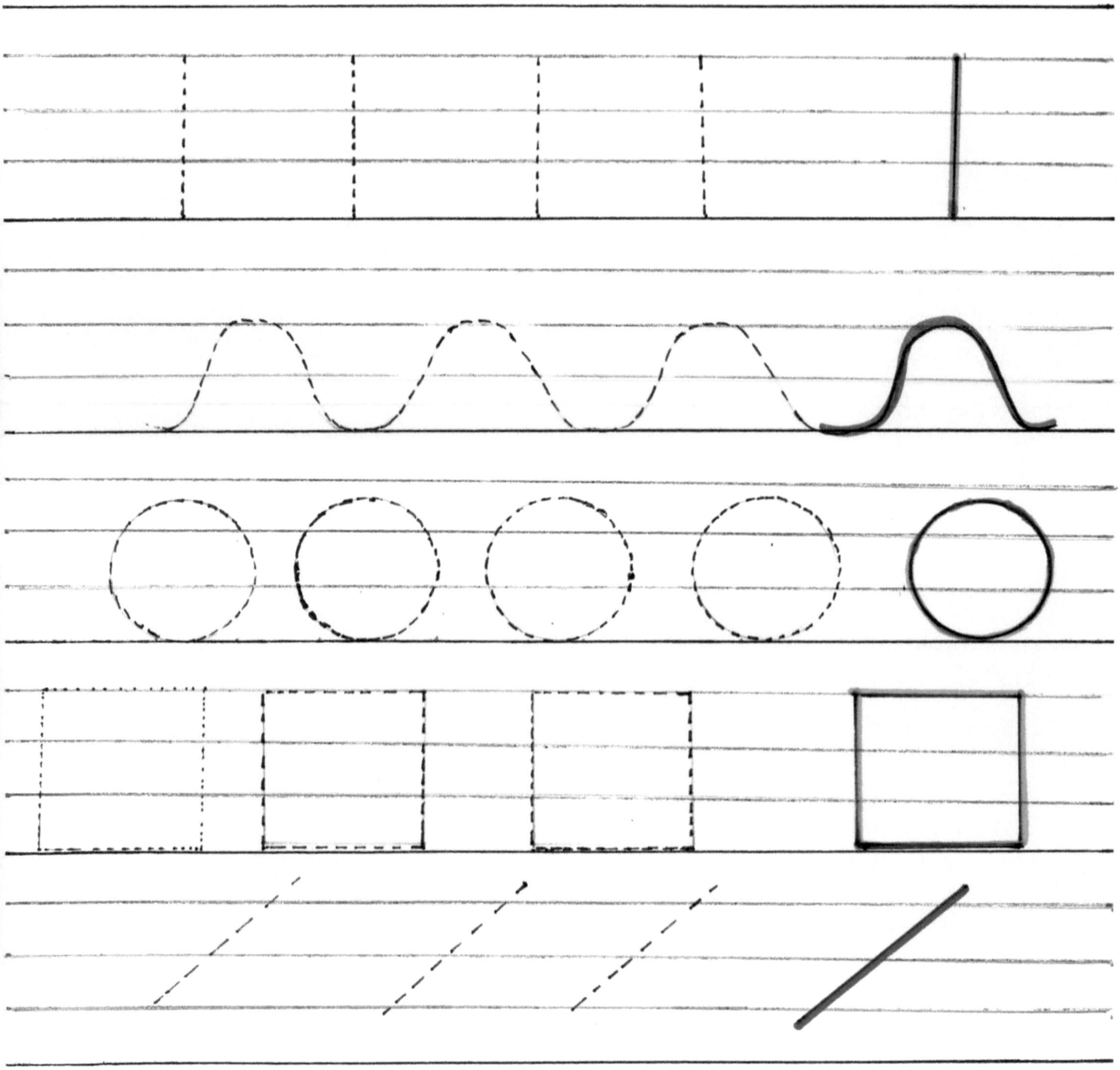

ض

أَنْفٌ

أَكْتُبُ الحَرْفَ أ وَأُسْعِدُ دُودَةَ الحُرُوف !

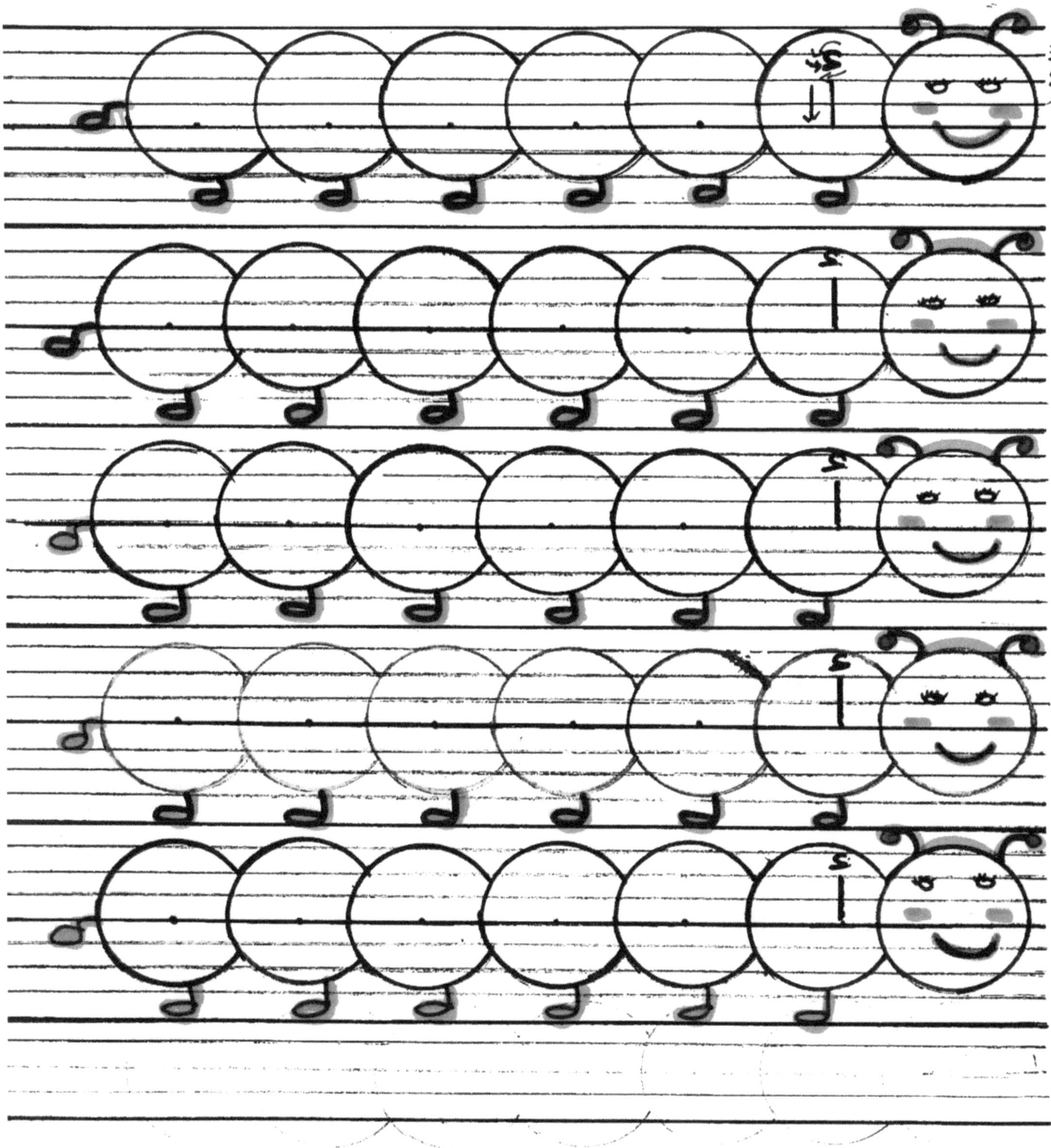

ض

أَنْسَخُ حَرْفَ الأَلِفْ «أ»

ص

الوَاجِبُ المَنْزِلِي

كِتَابَةُ الحَرْفِ «أ»

أ

أ

أ

أ

أ

ض

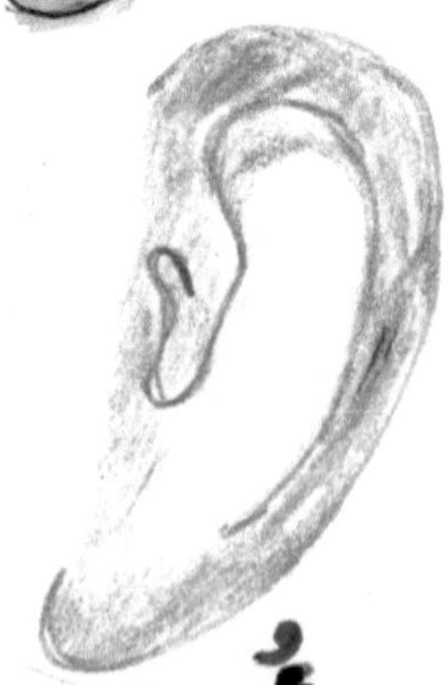

أَرْنَبٌ أُذُنٌ إِبْرَةٌ فَأْسٌ

حَرَكَةُ الفَتْحَةِ أَ

حَرَكَةُ الضَّمَّةِ أُ

حَرَكَةُ الكَسْرَةِ إِ

عَلاَمَةُ السُّكُونِ أْ

المَقْطَعُ السَّاكِنُ رَأْ

ض

حَرْف "أ" مَعَ حُرُوفِ المُدُودْ: ا ، و ، ي

أ + ي = إِي	أ + و = أُو	أ + ا = آ

آ

أُو

إِي

آية أُولى إِيناس

ض

التَّنْوِينْ بِالفَتْحِ ً بِالضَّمِّ ٌ بِالكَسْرِ ٍ

مَلْجَأً مَلْجَأٌ مَلْجَإٍ

أً

أٌ

إٍ

ملجأً ملجأٌ ملجإٍ

ب

ض

بَصَلَةٌ

أَكْتُبَ الحَرْفَ "ب"

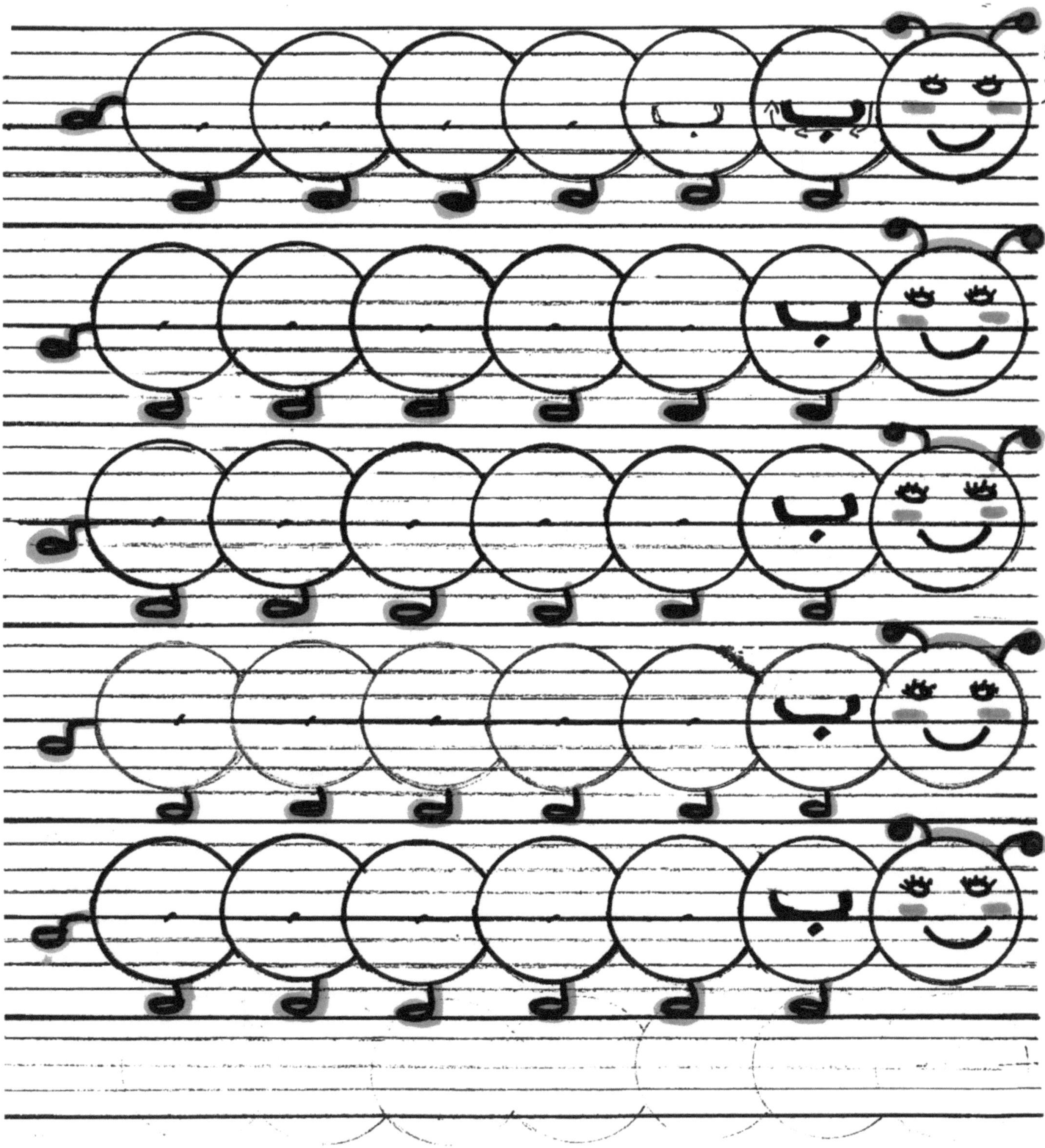

ض

أَنْسُخُ الحَرْفَ "ب"

3
2
1

ب ↕ 1

ب

ب

ب

ب

الوَاجِبْ المَنْزِلِي

أَنْسُخُ الحَرْفَ «بـ»

ب

ب

ب

ب

كتابة :

بَيْضٌ

بُرْتُقالٌ

بِطْرِيقٌ

عُشْبٌ

بَ

بُ

بِ

بْ

المَقْطَعُ السَّاكِنُ : أَبْ

حَرْفُ "ب" مَعَ حُرُوفِ المَدُودْ ا، و، ي

بَا

بُو

بِي

بَاب حبُوب أبِي

ض

التَّنْوِيْنْ حَرْف "ب"

بًا

بٌ

بٍ

غضبًا غضبٌ غضبٍ

ض

ج

جَبَلٌ

أَكْتُبُ الْحَرْفَ « ج »

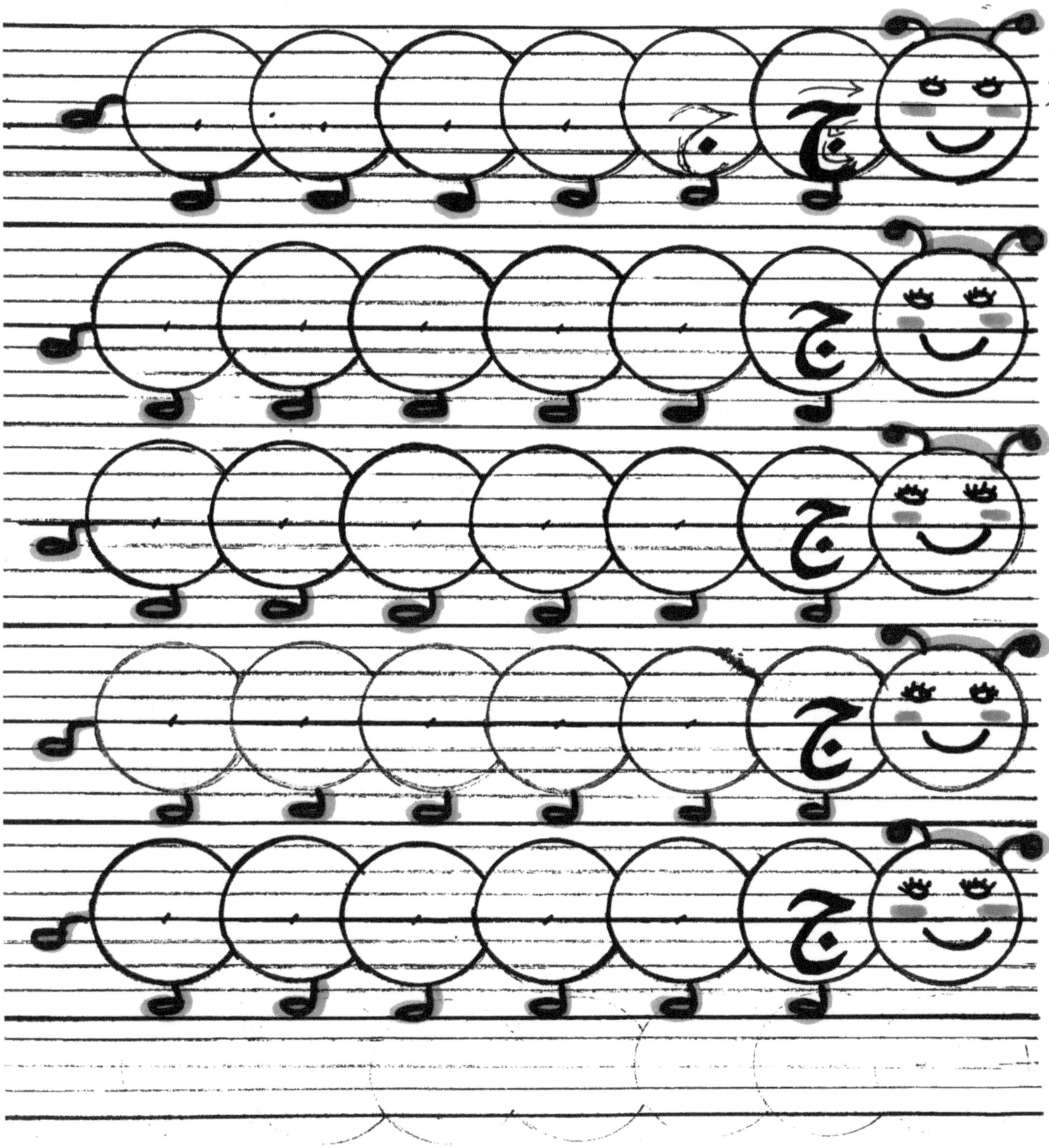

ض

أَنْسُخُ حَرْفَ "جَ"

ض

الوَاجِبُ المَنْزِلِي

كِتَابَةُ الحَرْفِ "ج"

ج

ج

ج

ج

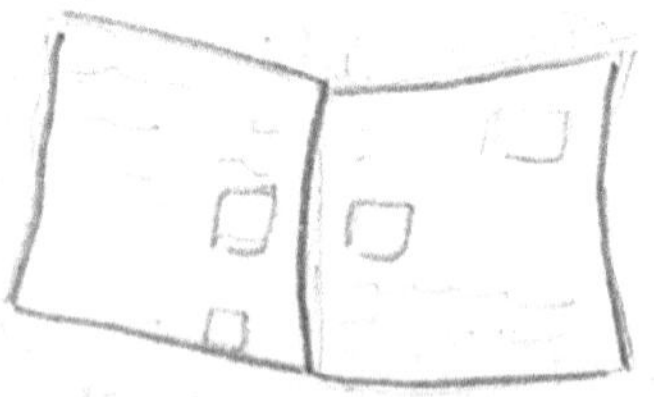

جَرِيدَةٌ

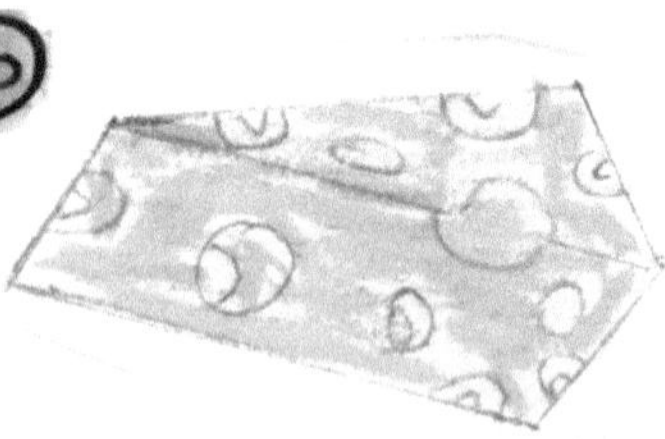

جُبْنٌ

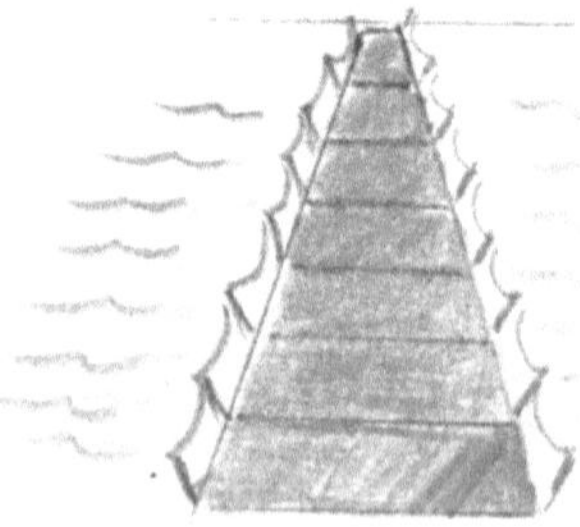

جِسْرٌ

تَاجْ

كِتَابَة :

جَ

جُ

جِ

جْ

المَقْطَعُ السَّاكِنْ أَجْ

ض

حَرْفُ "ج" مَعَ حُرُوفِ المَدْ : ا ، و ، ي

جَا

جُو

جِي

أشجَار أرجُوحة عجِينة

(ض)

التَّنْوِيْنْ حَرْفْ "ج"

جًا

جٌ

جٍ

زَوجًا زَوجٌ زَوجٍ

ض

د

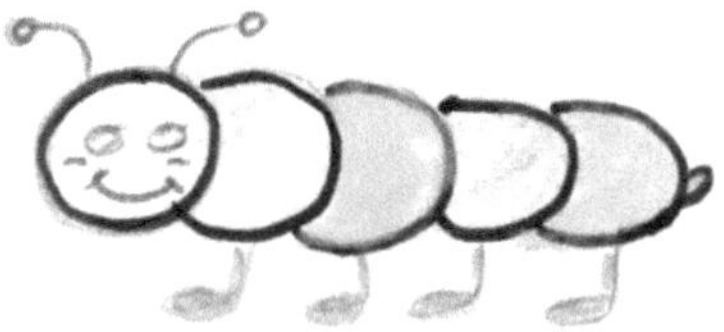

دُودَةٌ

أَكْتُبُ الحَرْفَ «د»

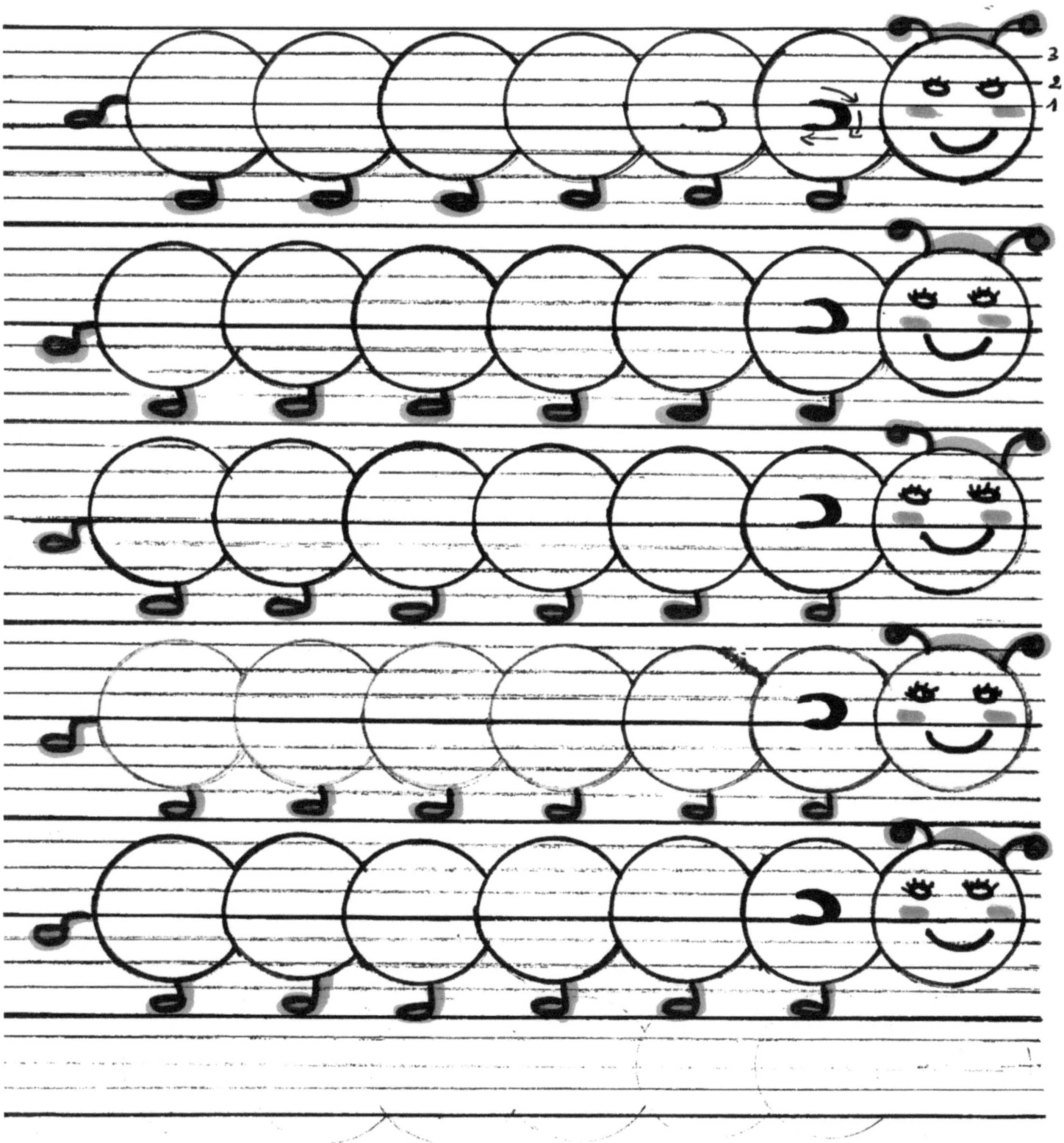

ض

أَنْسُخُ الحَرْفَ "د"

3
2
1

ض

الوَاجِبْ المَنْزِلِي

أَنْسُخُ الحَرْفْ «د»

د

د

د

د

د

ض

دَلْوٌ دِيْكٌ دُبٌّ مَدْرَسَةٌ

كِتابة:

دَ

دُ

دِ

دْ

المَقْطَعُ السَّاكِنُ: أَدْ

ض

حَرْفُ «د» مَعَ حُرُوفِ المَدْ ا، و، ي

دَا

دُو

دِي

دَار دُودة جدِّي

ض

التَّنْـوِيْنْ حَرْفْ «د»

دًا

دٌ

دٍ

ولدًا ولدٌ ولدٍ

ض

أَنْسَخُ حَرْفَ "هـ" هَاتِفٌ

ه

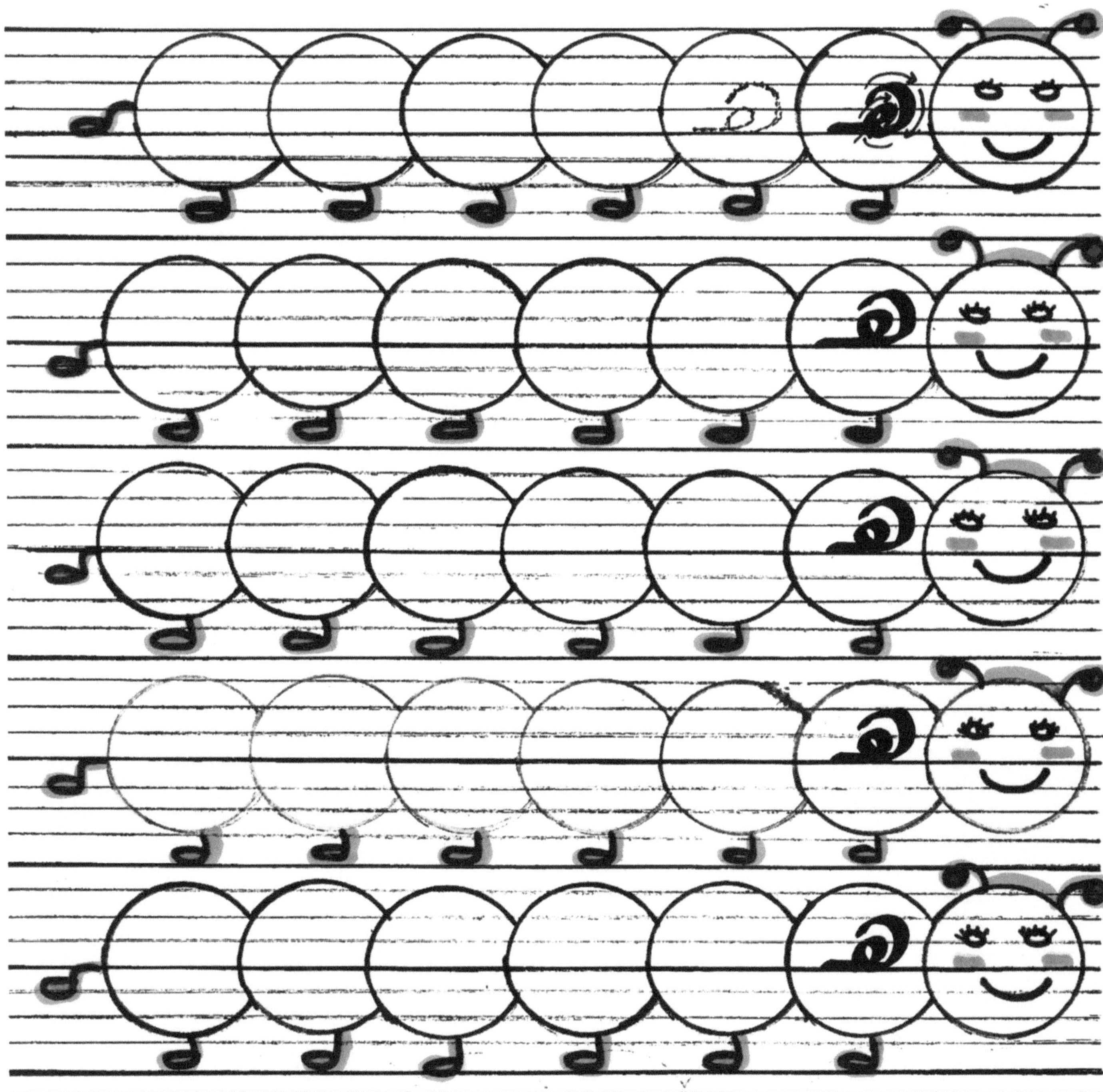

ض

أَنْسُخُ الحَرْفَ «هـ»

ض

الـوَاجِبْ الـمَنْـزِلـِي

كِتَابَة الحَـرْف "هـ"

هـ

هـ

هـ

هـ

هـ

هَرَمٌ

هُدْهُدٌ

هِلَالٌ

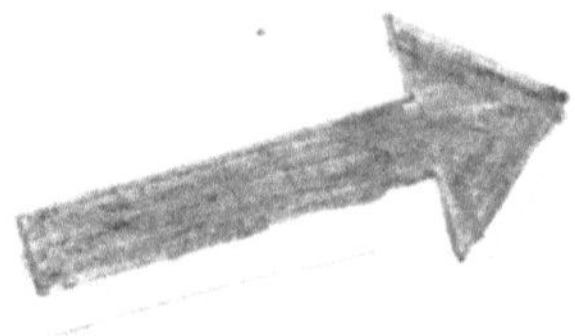

سَهْمٌ

ض

هـ = ه

هَـ

هُـ

هِـ

هْـ

المقطع الساكن أَهْ

ض

الحَرْفُ «هـ» مَعَ ا، و، ي (حُرُوفُ المَدّْ)

هَا

هُو

هِي

هَاتِف فَهُود وجهِي

ض

التَّنْوِيْنْ - حَرْفْ «هـ»

هـ = ه = ـه

هًا

ـهٌ

ـهٍ

نزيهًا نزيهٌ نزيهٍ

وَرْدَةٌ

أَكْتُبُ الحَرْفَ «و»

و

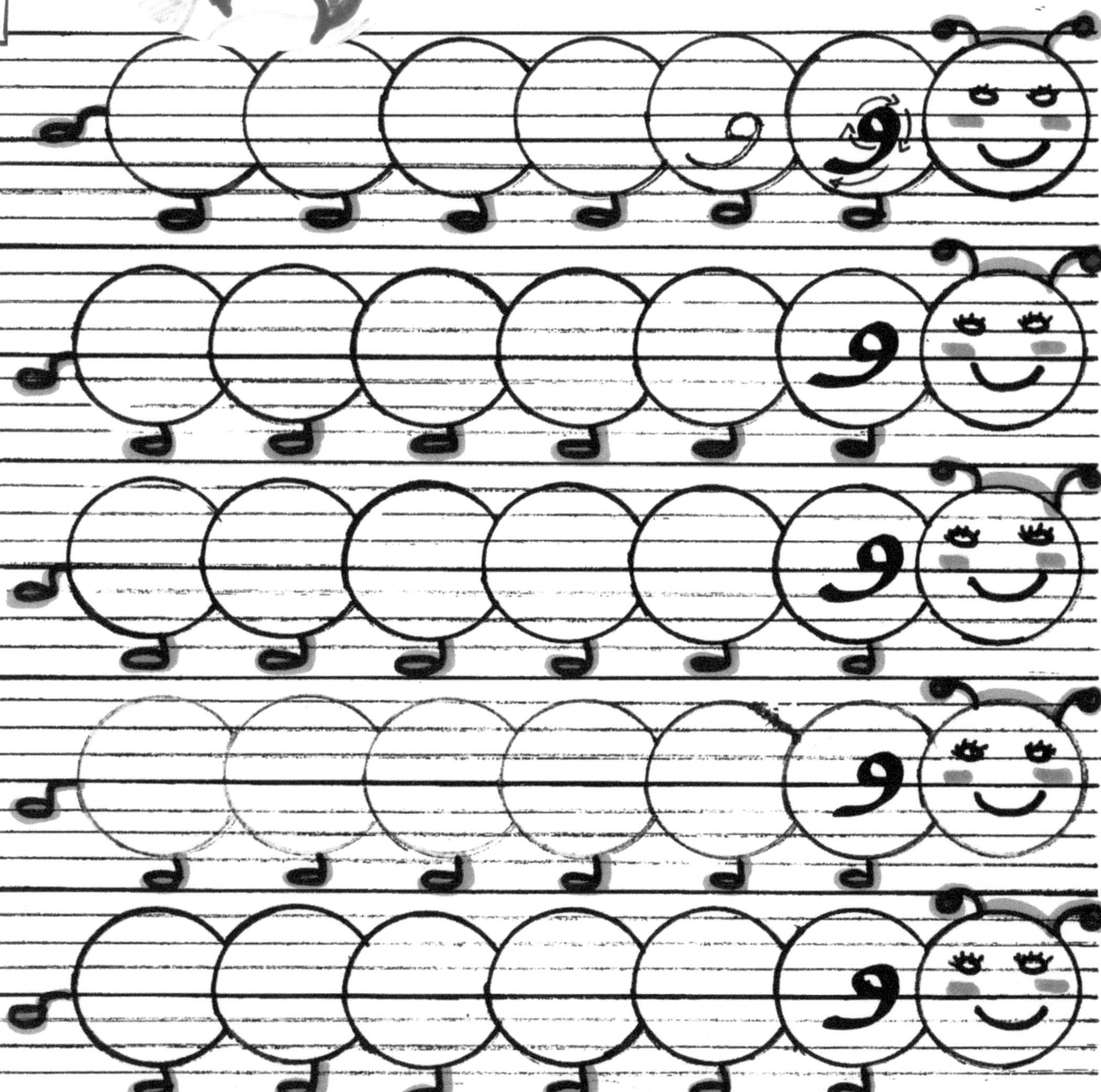

ض

أَنْسُخُ الحَرْفَ "و"

3
2
1

و و و
و و و
و و و
و و و

ضـ

الوَاجِـبُ الـمَنْـزِلِي
كِتَابَةُ الحَـرْفِ «وَ»

و

و

و

و

إِوَزَّةٌ

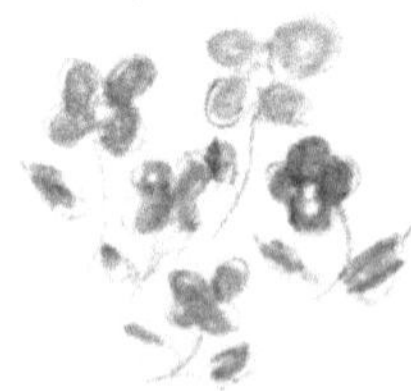

وُرُودٌ

وِسَامٌ

زَوْرَقٌ

كتابة:

وَ

وُ

وِ

وْ

المقطع السّاكِن أوْ

الحَرْفُ "وَ" مَعَ حُرُوفِ المَدِّ ا، و، ي

وَا

وُو

وِي

هـَوَاء طاوُوس تلوِين

ض

التَّنْوِيْنْ حرف «وْ»

وًا

وٌ

وٍ

رخوًا رخوٌ رخوٍ

ض

زَيْتُونٌ

أكْتُبُ حَرْفَ "ز"

ز

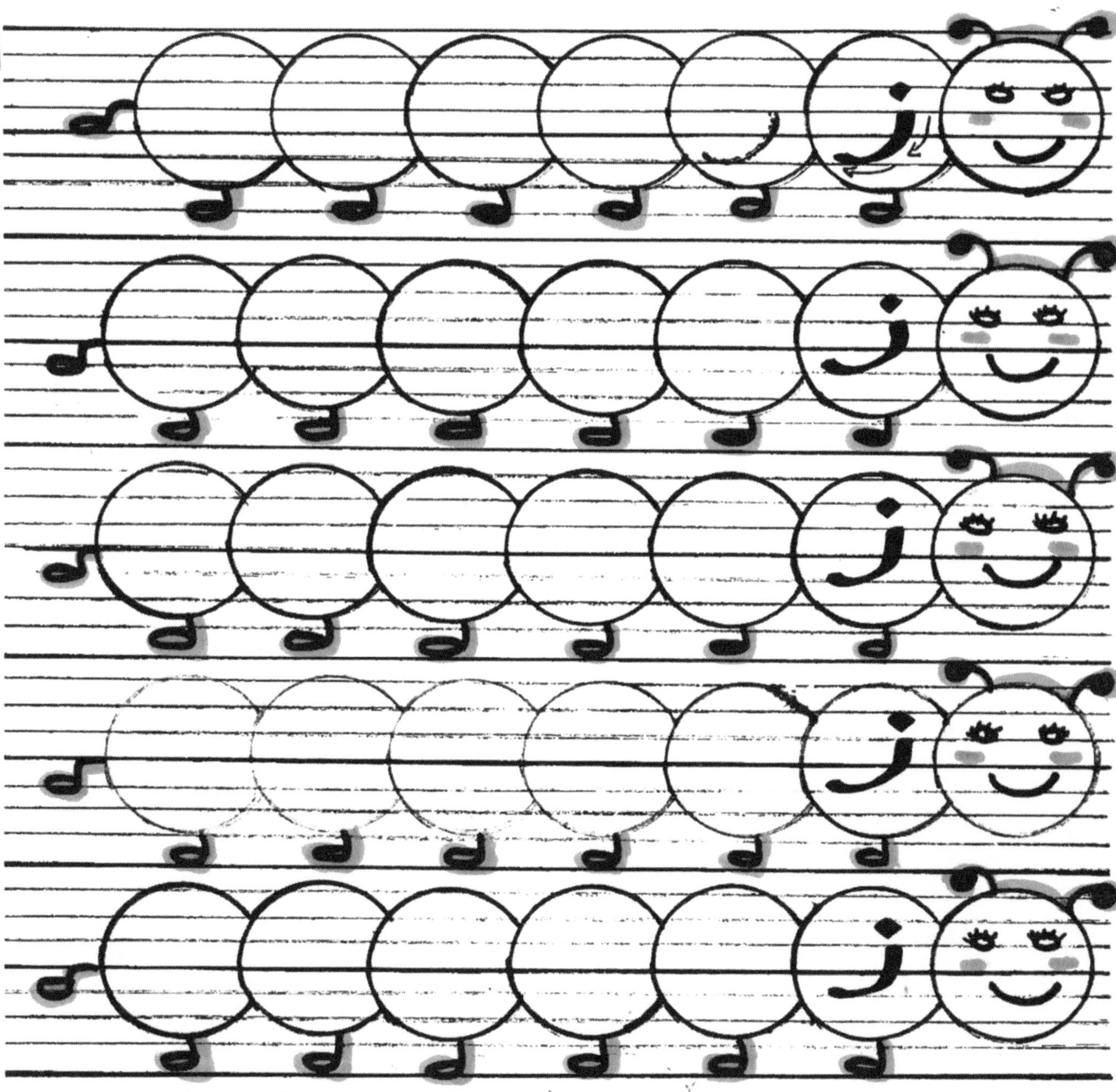

ض

أَنْسُخُ الحَرْفَ "ز"

3
2
1

ض

الوَاجِبْ الـمَنْـزِلِي

كِـتَابَـةُ الـحَّـرْفْ "زَ"

ز

ز

ز

ز

لَوْزْ

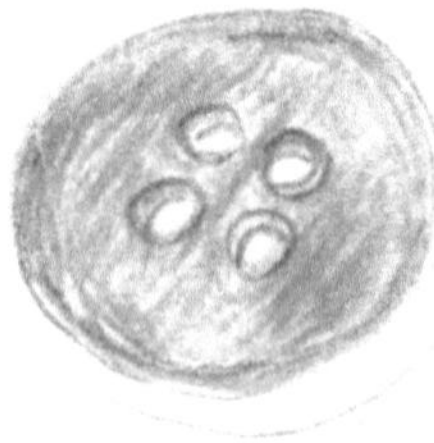

ض

زِرٌّ

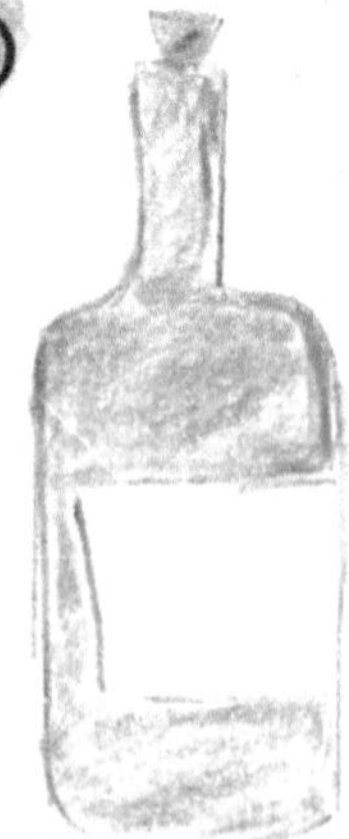

زُجاجَةٌ

زَرافَةٌ

كتابة:

زَ

زُ

زِ

زْ

المَقْطَع السّاكن أَزْ

ض

الحَرْفُ "زَ" مَعَ حُرُوفِ المَدِّ ا، و، ي

زَا

زُو

زِي

زَائِر حلزُون جزِيرة

ض

التَّنْوِيْن حَرْف «ز»

زًا

زٌ

زٍ

رمزًا رمزٌ رمزٍ

أَكْتُبُ الحَرْفَ «ح»

حَلْوَى

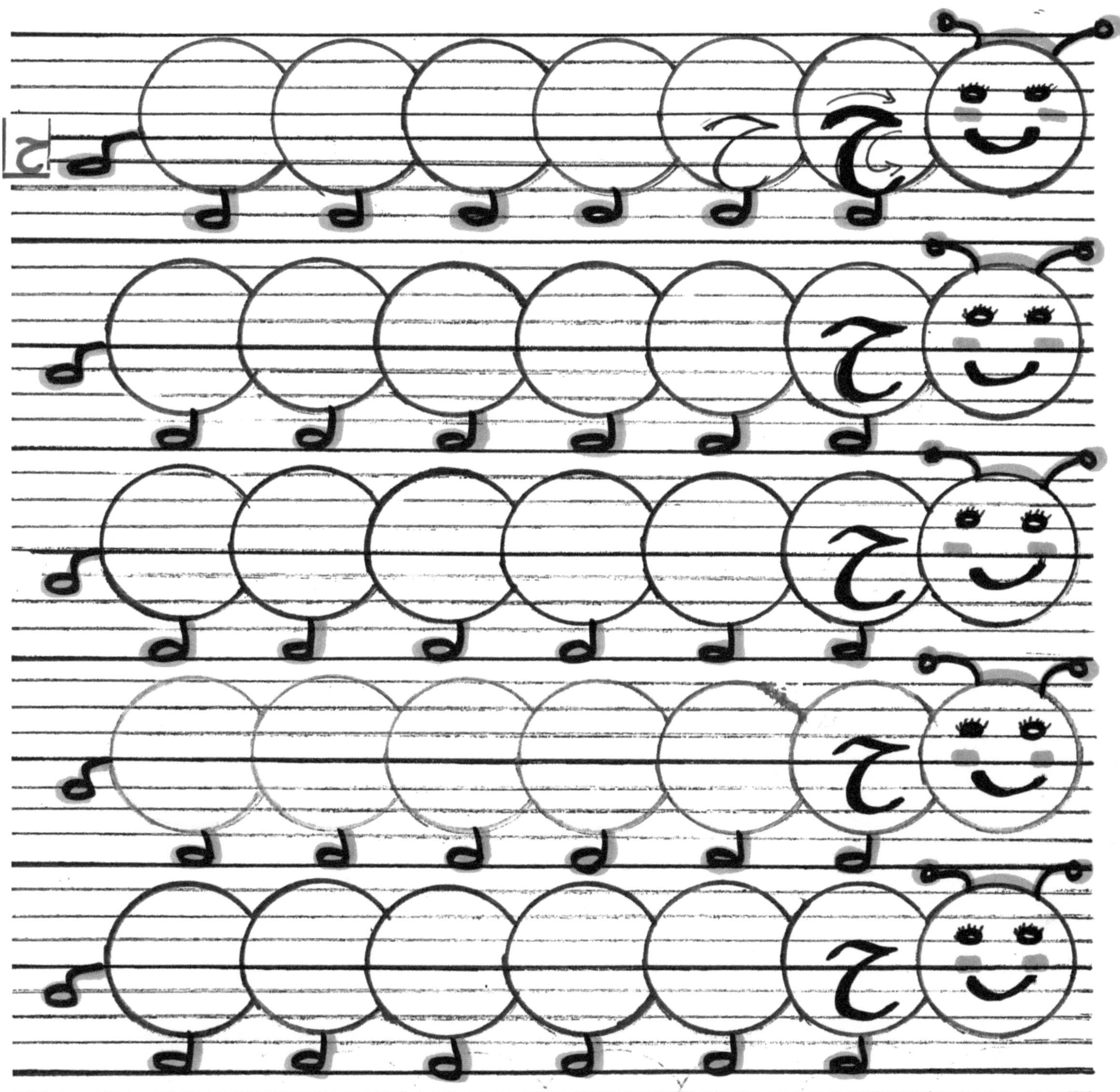

أَنْسُخُ الحَرْفَ « ح »

ض

الوَاجِبْ المَنْزِلِي

أَنْسُخُ الحَّرْفْ «ح»

ح

ح

ح

ح

حَلَزُونٌ

حِصَانٌ

حُوتٌ

بَحْرٌ

كتابة:

حَ

حُ

حِ

حْ

المَقْطَعُ السَّاكِنْ رَحْ

ض

الحَرْفُ "ح" مَعَ حُرُوفُ المَدِّ ا، و، ي

حَا

حُو

حِي

حَامض حُوت طحِين

ض

التَّنْوِيْن حَرْف "حً"

حًا

حٌ

حٍ

مسرحًا مسرحٌ مسرحٍ

ض

طَاوِلَةٌ

أَكْتُبُ الحَرْفَ «ط»

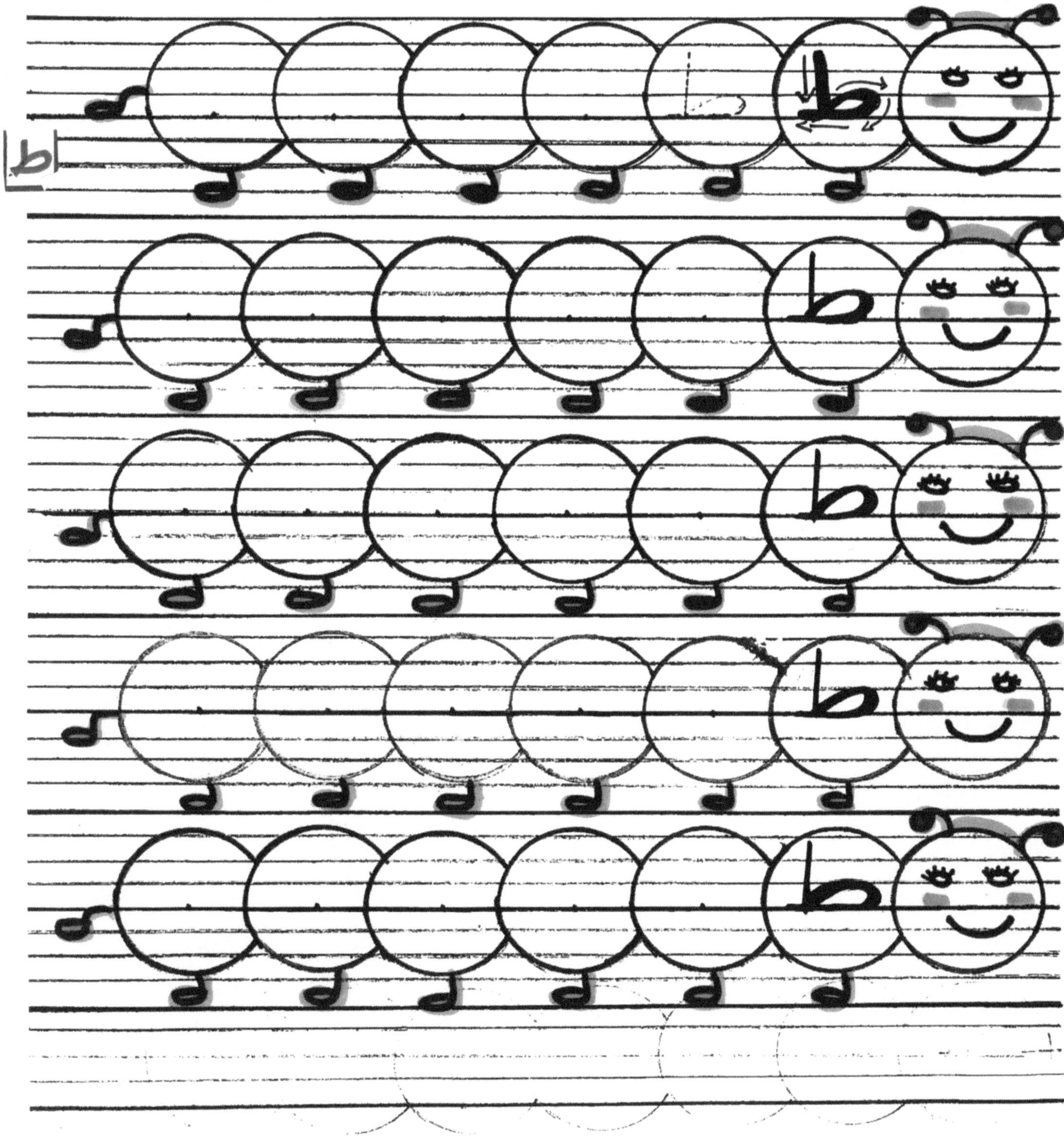

ض

أَنْسُخُ الحَرْفَ «ط»

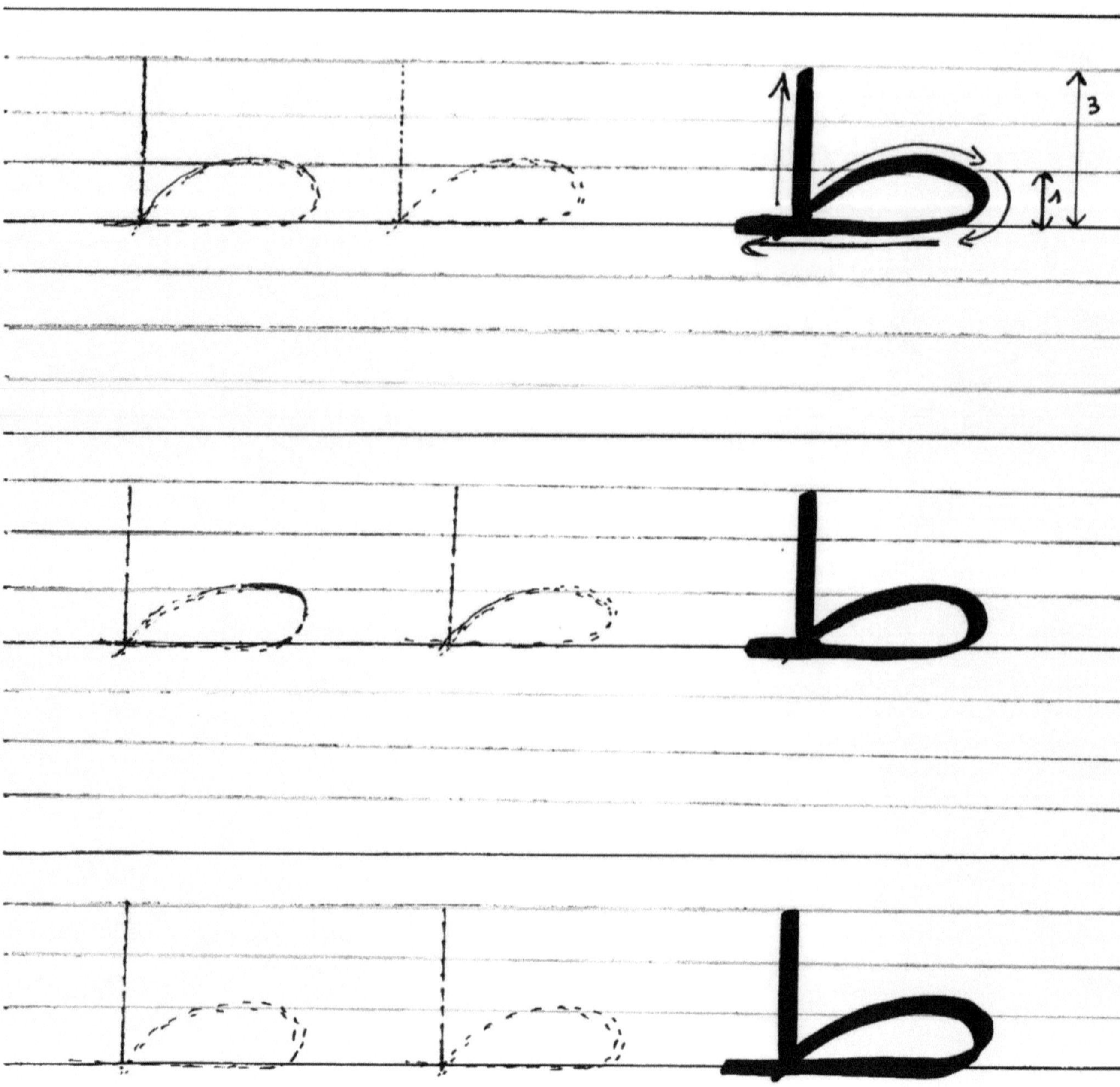

(ض)

الوَاجِبْ المَنْزِلِي

كِتَابَة الحَرْف «طَ»

ط

ط

ط

ط

ط

طَبْلٌ أُخْطُبُوطٌ بَطِيخٌ مِطْرَقَةٌ

كتابة:

طَ

طُ

طِ

طْ

المَقْطَعُ السَّاكِنُ أَطْ

الحَرْفُ «ط» مَعَ حُرُوفِ المَدِّ ا، و، ي

طَا

طُو

طِي

قَطَار فَطُور شرطِي

ض

التَّنْوِيْنْ حَرْفْ «ط»

طًا

طٌ

طٍ

خَطًّا خَطٌّ خَطٍّ

ض

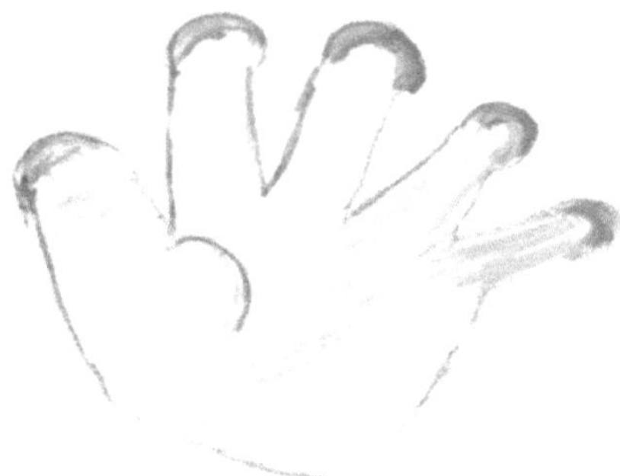

أَكْـتُـبُ الحَرْفَ يـ ي يَـدٌ

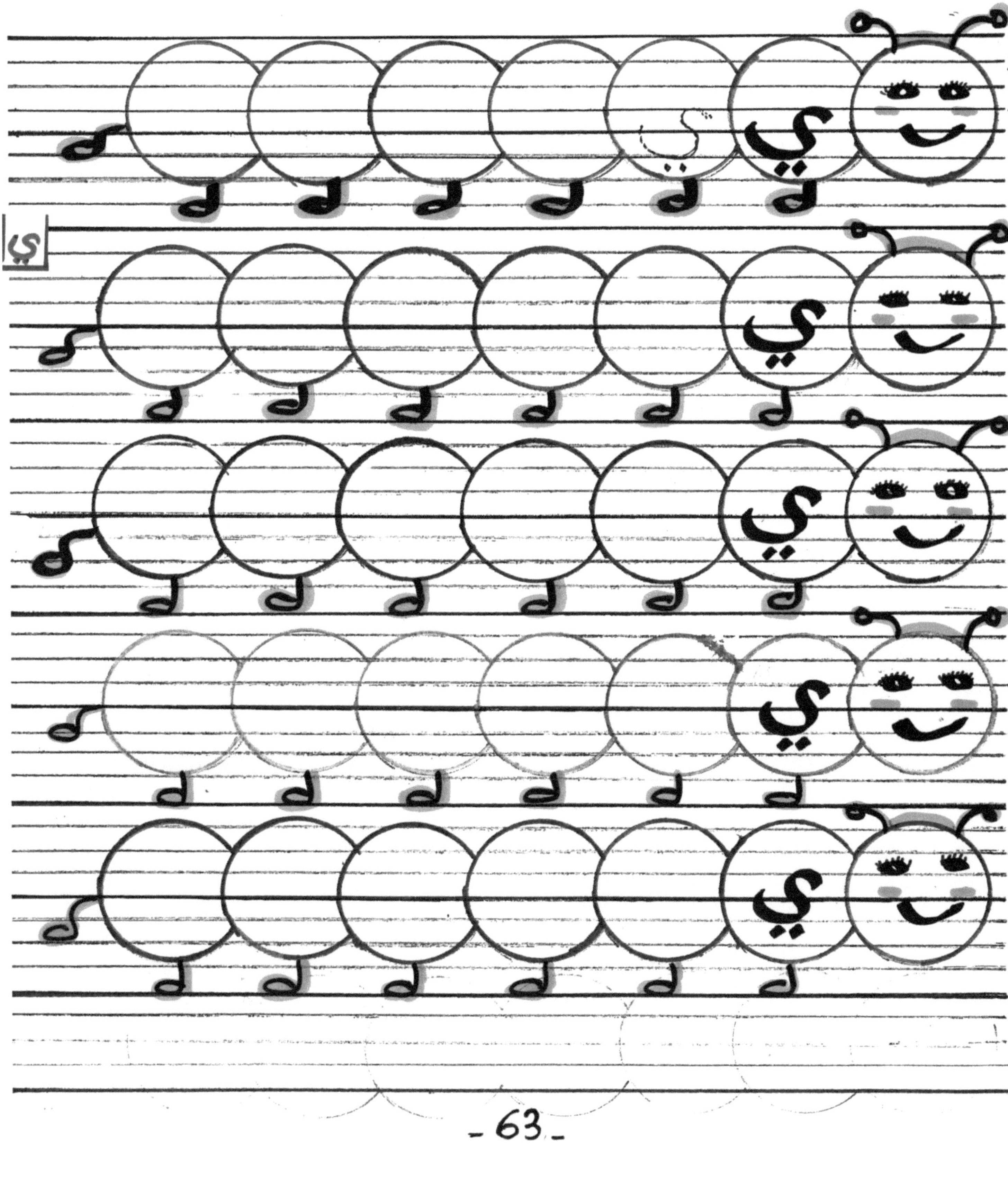

ض

أَنْسُخُ الحَرْفَ «ي»

3
2
1

ي ي ي ي
ي ي ي ي
ي ي ي ي
ي ي ي ي

الوَاجِبُ المَنْزِلِي

كِتَابَة الحَرْفْ «ي»

ي

ي

ي

ي

يَقْطِينٌ يُويُو يِنْ بَيْتٌ

كِتَابَة:

يَ

يُ

يِ

يْ

المَقْطَعُ السَّاكِنُ أَيْ

ض

الحَرْفُ يْ مَعَ حُرُوفِ المَدْ ا، و، ي

ي = ب

يَـا

يُـو

يِـي

يَابس يُوسف ملايِين

ضـ

التَّنْوِينْ ـ حَرْفْ «ي»

ي = يـ

يًـا

يٌ

يٍ

رأيًا رأيٌ رأيٍ

ض

شُبَّاكُ

أَكْتُبُ الْحَرْفَ "كـ"

ك

ض

أَنْسُخُ الحَّرْفَ "ك"

3
2
2,5
1

لـ ع

لـ ع

لـ ع

ض

الوَاجِبْ المَنْزِلِي

كِتَابَة الحَّرْفْ "ك"

ـك

ـك

ـك

ـك

كَأْسٌ

كُرَةٌ

كِتَابٌ

مِكْنَسَةٌ

كتابة

كَ

كُ

كِ

كْ

المَقْطَع السَّاكِنْ أَكْ

الحَرْفُ "ك" مَعَ حُرُوفِ المَدّ ا و ي

ك = كـ

كَا

كُو

كِي

كَامل كُوب كِيس

ض

التَّنْوِيْن حَرْف "ك"

ك ـ كـ

كًا

كٌ

كٍ

ملكًا ملكٌ ملكٍ

لَيْمُونْ

أَكْتُبُ الْحَرْفَ «لْ»

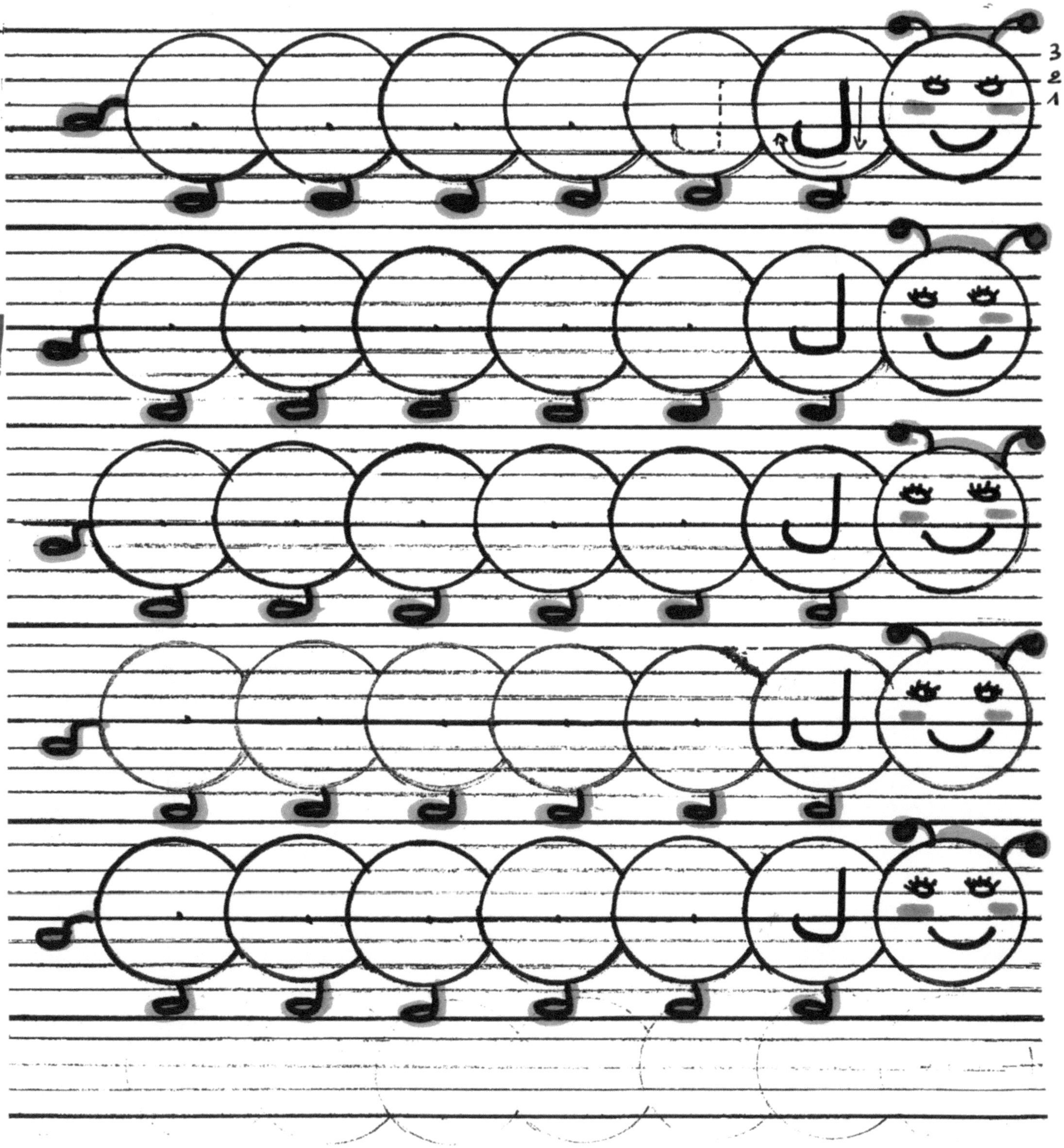

ض

أَنْسُخُ الحَرْفَ «ل»

ض

الـوَاجِـبْ المَنْزِلِي
كِـتَابَـةُ الحَرْفِ "ل"

ل

ل

ل

ل

كتابة:

ضا

لَحْمٌ

لُعْبَةٌ

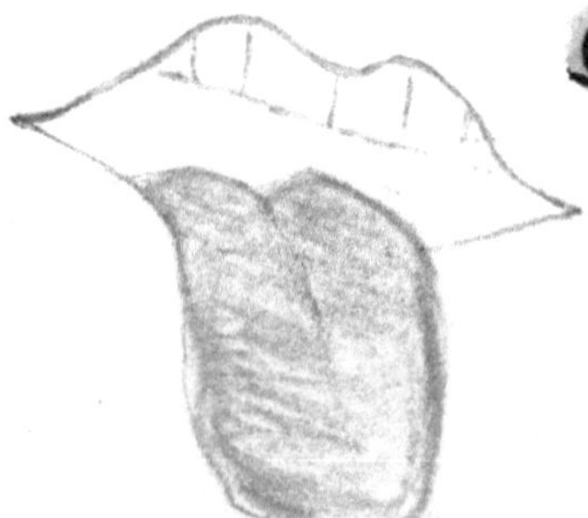

لِسَانٌ

عَسَلْ

لَ

لُ

لِ

لْ

المَقْطَع السَّاكِن أَلْ

ض

الحَرْفُ «ل» مَعَ حُرُوفِ المَدِّ ا، و، ي

لَا

لُو

لِي

بِلَال بَالُونَة حَلِيب

ض

التَّنْوِيْنِ حَرْفْ «ل»

لاً

لٌ

لٍ

عملاً عملٌ عملٍ

ض

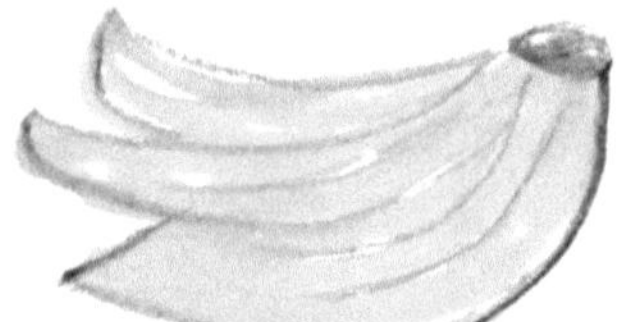

مَوْزٌ

أَكْتُبُ الحَرْفَ «م»

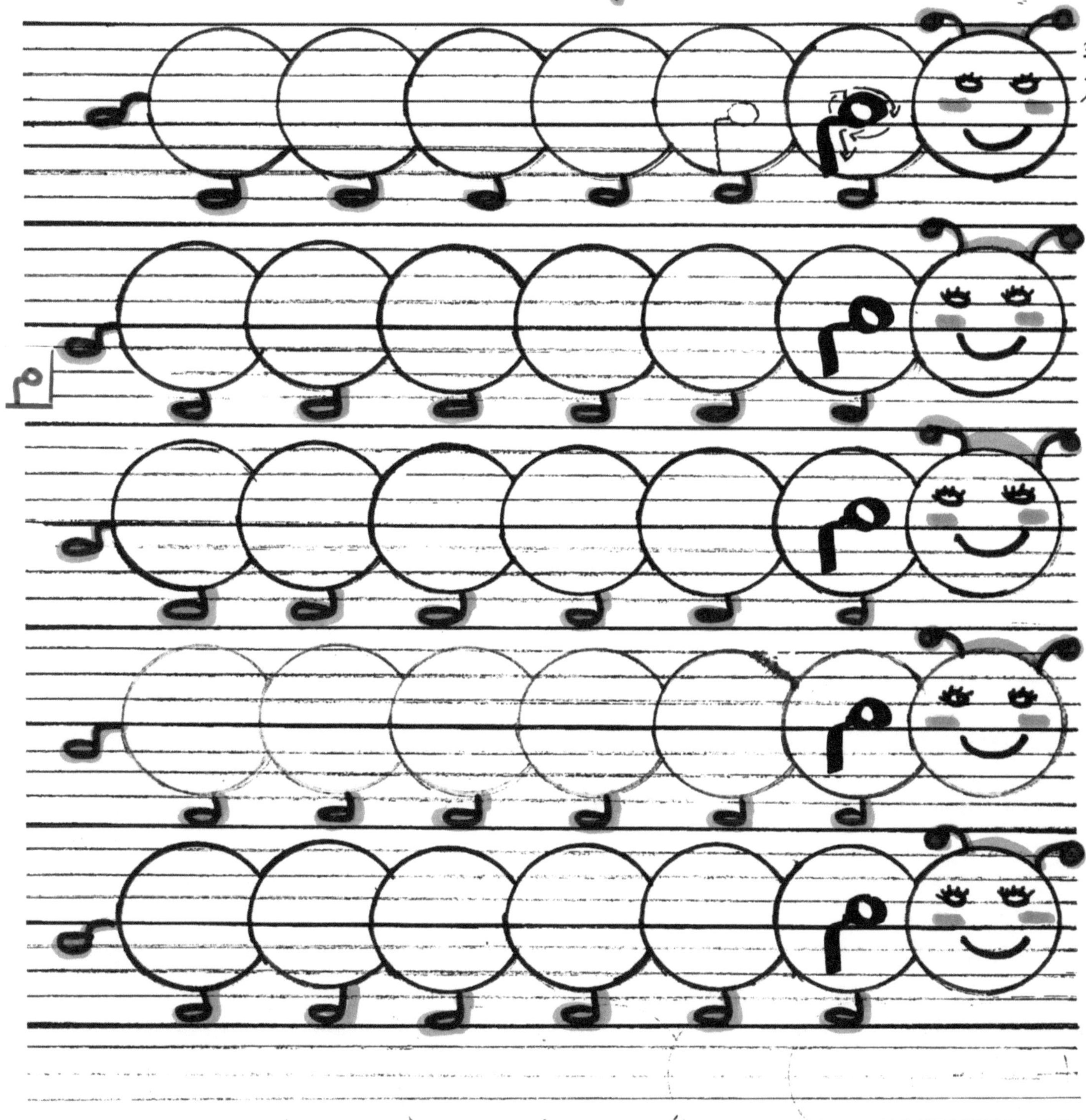

ض

أَنْسَخُ الحَرْفَ "م"

3
2
1

مَ

مُ

مِ

الـوَاجِـبُ المَـنْـزِلِي
كِـتَابَـة الحَـرْفِ «م»

م

م

م

م

ض

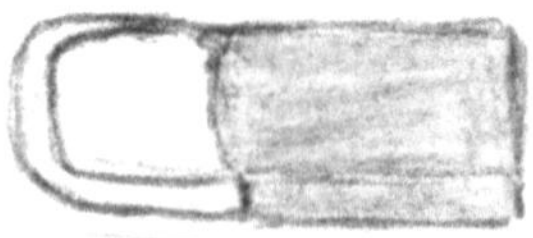

مَسْجِدٌ

مُهَنْدِسٌ

مِمْحَاةٌ

تِمْثَالٌ

كتابة:

مَ

مُ

مِ

مْ

المَقْطَعُ السَّاكِنُ أَمْ

ض

الحَرْفُ "مَ" مَعَ حُرُوفِ المَدِّ ا، و، ي

مَـا

مُـو

مِـي

مَاعِز لِيمُون مِيزَان

التَّنْوِيْن ـ حَرْف «م»

مًـا

مٌ

مٍ

علمًا علمٌ علمٍ

ض

نَمْلَةُ

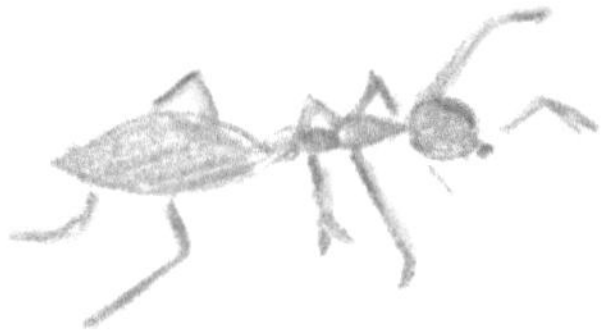

أَكْتُبُ حَرْفَ "ن"

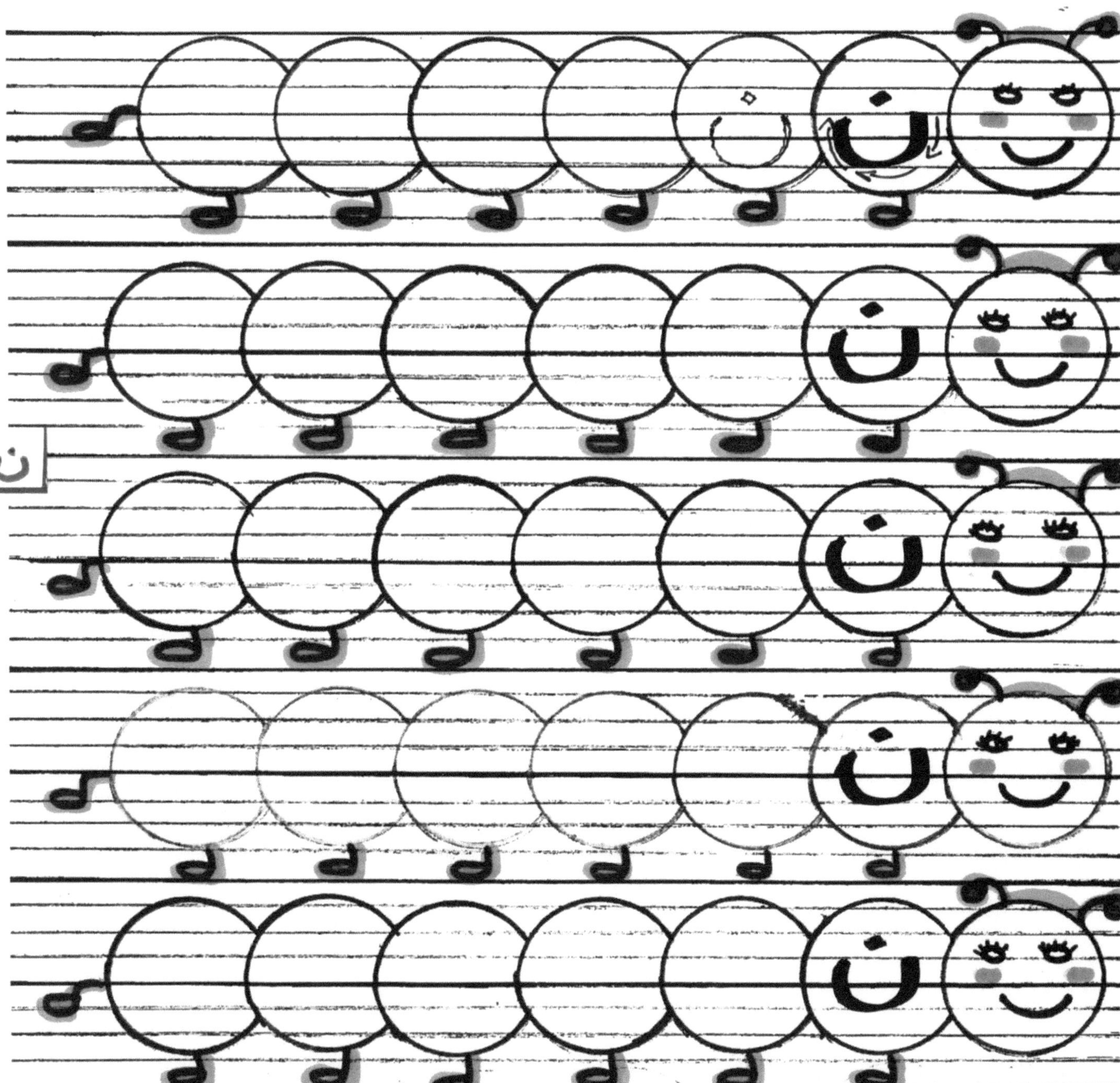

ن

ض

أَنْسُخُ الحَرْفَ «ن»

ض

الـوَاجِبُ المَنْزِلِي
كِـتَابَةُ الحَّرْفِ «ن»

ن

ن

ن

ن

سِنْجَابُ

نُجُومٌ

نِبْرَاسُ

نَحْلَةٌ

كتابة:

نَ

نُ

نِ

نْ

المَقْطَعُ السَّاكِنُ أَنْ

ض

الحَرْفُ "ن" مَعَ حُرُوفُ المَدّْ ا، و، ي

نَا

نُو

نِي

أسنَان فانُوس نِيران

ض

التَّنْوِيْنْ - حَرْفْ "ن"

ن = نـ

نًا

نٌ

نٍ

لسانًا لسانٌ لسانٍ

ض

سَمَكَةٌ

أَكْتُبُ الحَرْفَ «س»

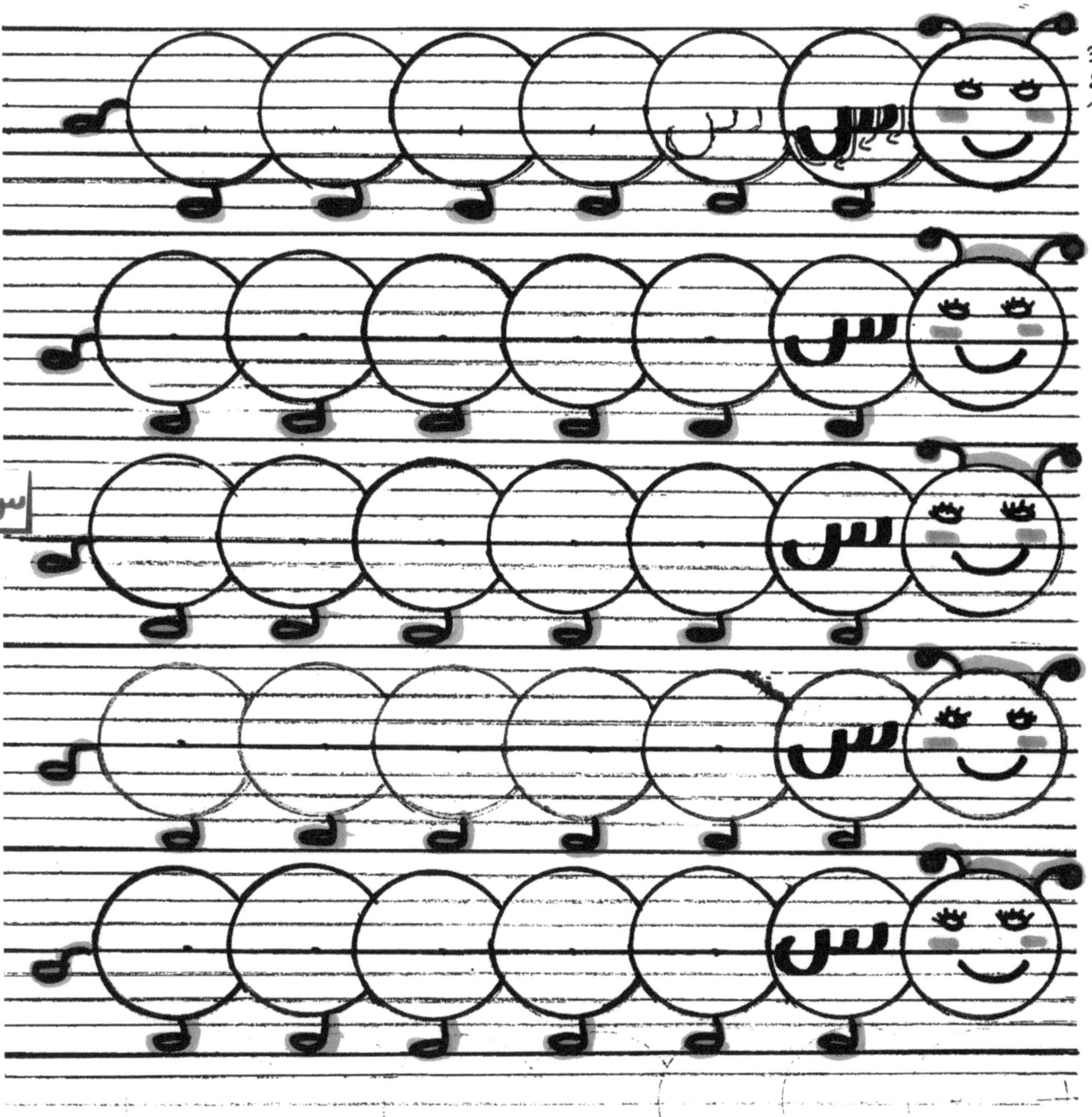

ض

أَنْسُخُ الحَّرْفُ «س»

3
2
1

س س س

س س س

س س س

س س س

الوَاجِبْ المَنْزِلِي
كِتَابَة الحَرْف "س"

س

س

س

س

سَيَّارَةٌ

سُنْبُلَةٌ

سِكِّيْنٌ

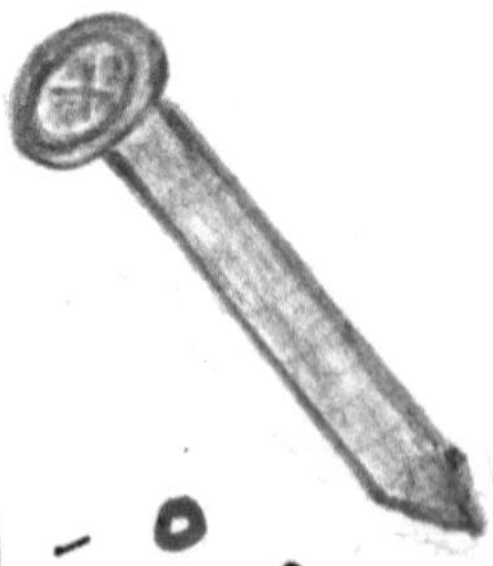

مِسْمَارٌ

كتابة:

سَ

سُ

سِ

سْ

المَقْطَعُ السَّاكِنُ أَسْ

ض

أَكْتُبُ الحَرْفَ «س» مَعَ حُرُوفِ المَدِّ ا، و، ي

سَا

سُو

سِي

سَاعة سُوق غَسِيل

ض

التَّنْوِينْ ـ حَرْفُ «س»

سًا

سٌ

سٍ

لباسًا لباسٌ لباسٍ

ض

عِنَبٌ

أُكْتُبِ الحَرْفَ «ع»

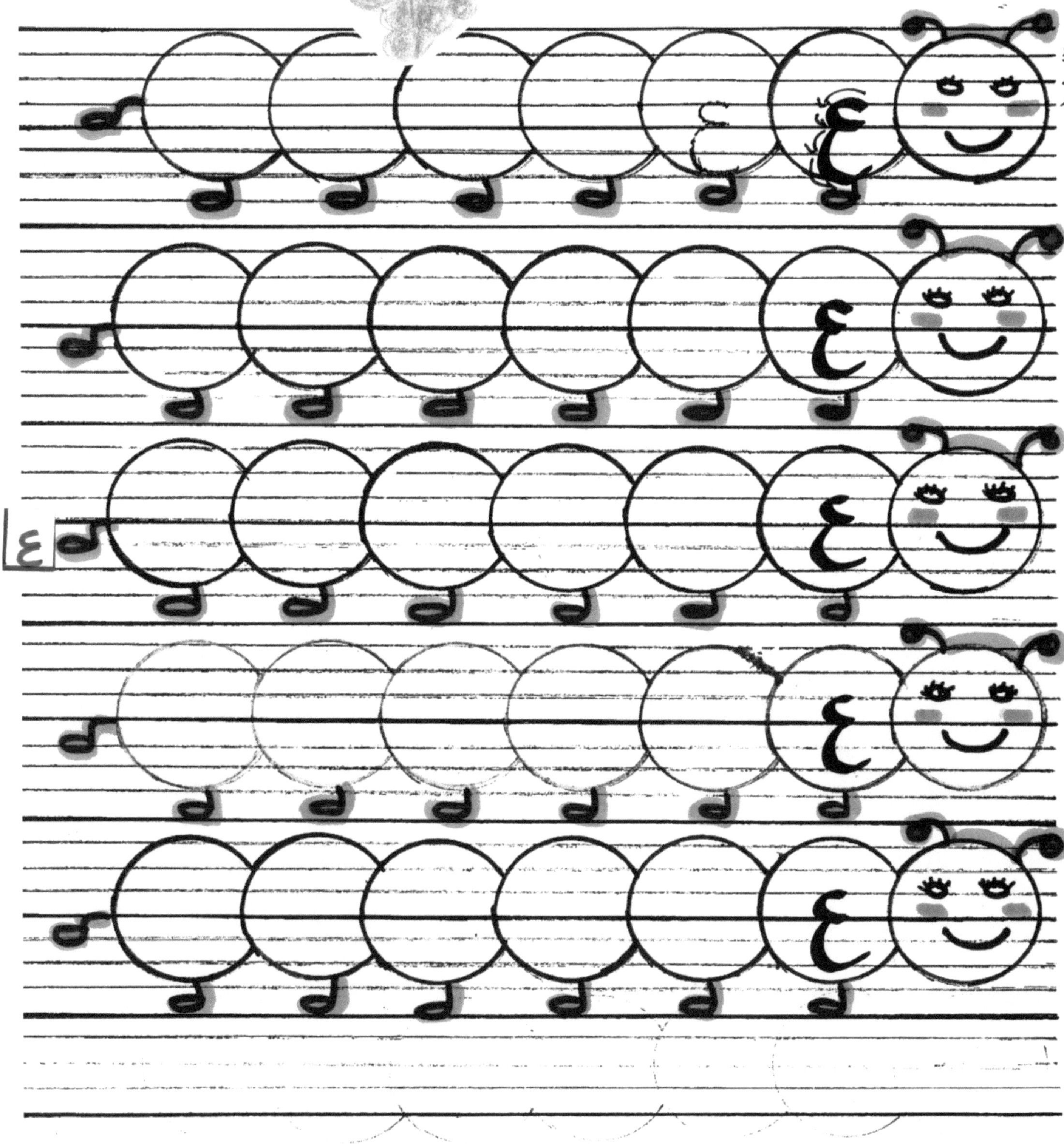

ض

أَنْسُخُ الحَرْفَ «ع»

الوَاجِبْ المَنْزِلِي
كِتَابَة الحَرْف «ع»

ع

ع

ع

ع

عَنْكَبُوت

عُلْبَةٌ

عِـمَارَةٌ

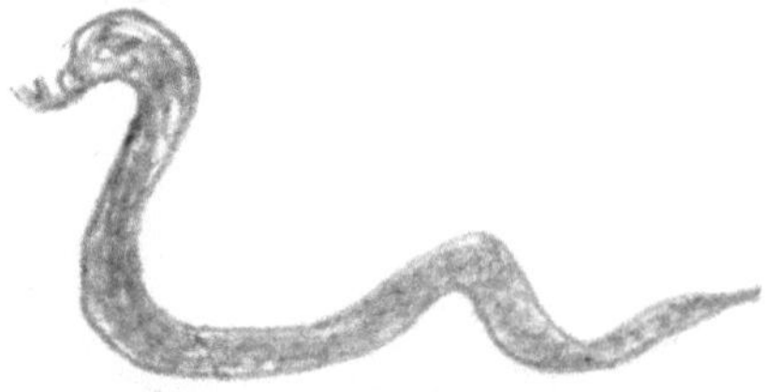

ثُعْبَانٌ

كتابة:

عَ

عُ

عِ

عْ

المقطع الساكن أَعْ

الحَرْفُ «ع» مَعَ حُرُوفُ المَدِّ ا، و، ي

ع = عـ

عَا

عُو

عِي

عَاصِمة مرغُوب سعِيد

ض

التَّنْوِيْنْ - حَرْفْ «ع»

ع - ع - ع

عًا

عٌ

عٍ

بارعًا بارعٌ بارعٍ

ض

فَنْجَانٌ

أَكْتُبُ الحَرْفَ "ف"

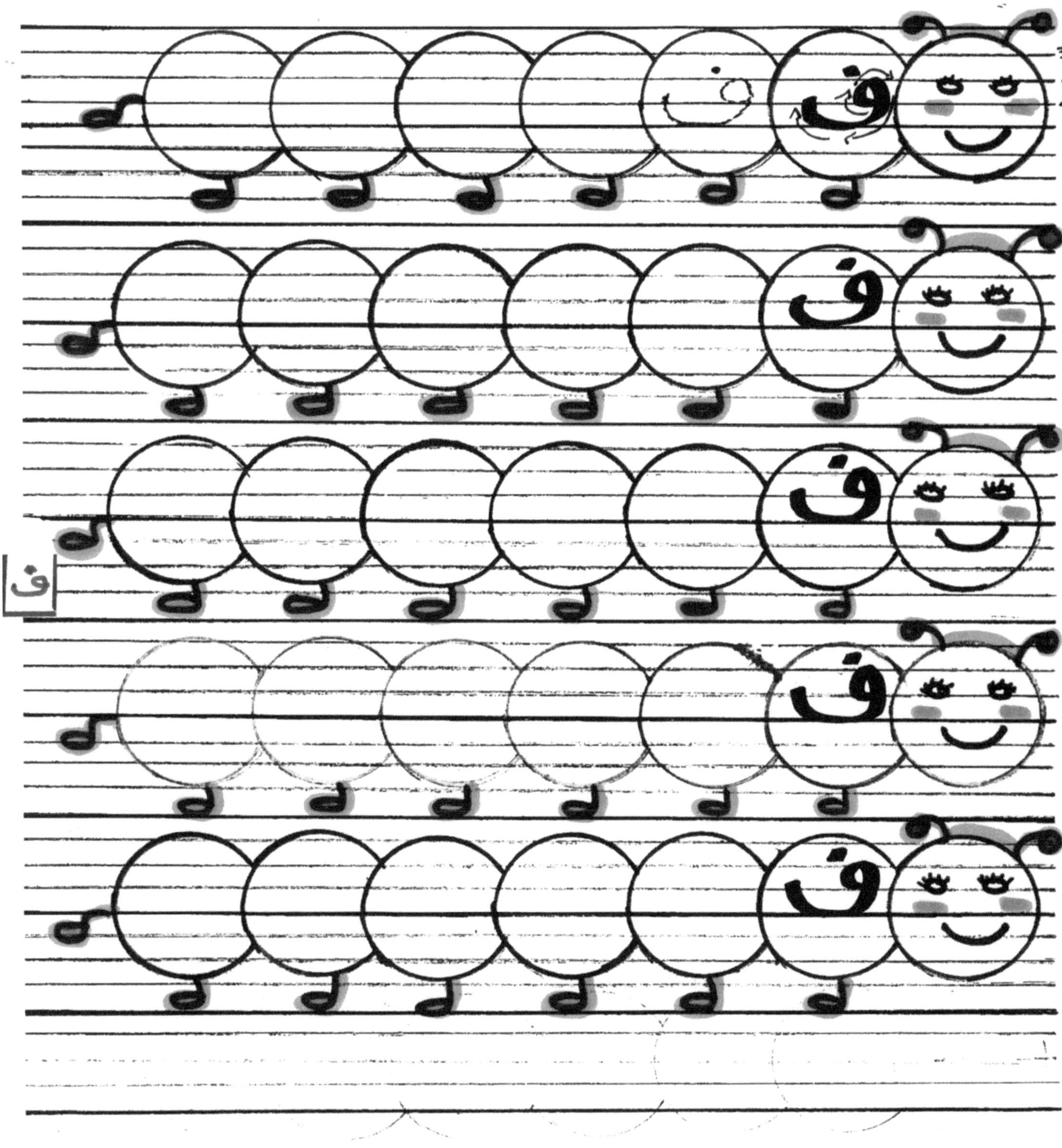

ض

أَنْسُخُ الحَرْفَ "ف"

ض

الـوَاجِـبْ الـمَنْـزِلِي
كِـتَابَة الـحَّرْفَ «ف»

ف

ف

ف

ف

ف

فَرَاشَةٌ

فُسْتُقٌ

حَافِلَةٌ

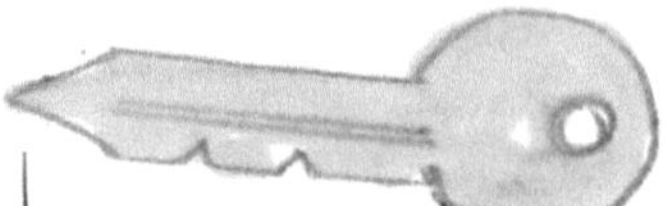

مِفْتَاحٌ

كتابة:

فَ

فُ

فِ

فْ

المَقْطَعُ السَّاكِنُ أَفْ

ص

الحَرْفُ «ف» مَعَ حُرُوفُ المَدِّ ا،و،ي

فَا

فُو

فِي

فَانوس عصفُور فِيل

ض

التَّنْـوِيْنْ-حَـرْفْ"فـ"

فـ - ـفـ - ف

فًـا

فٌ

فٍ

سقفًا سقفٌ سقفٍ

ض

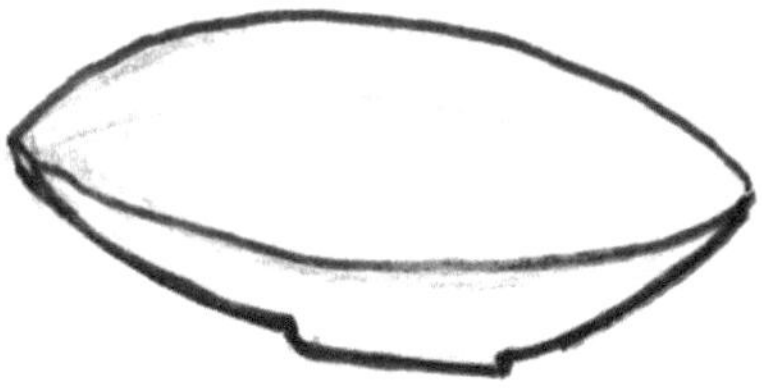

صَحْنٌ

أَكْتُبُ الحَرْفَ "ص"

ض

أَنْسُخُ حَرْفَ "ص"

3
2
1

ص ص ص

ص ص ص

ص ص ص

ص ص ص

الـوَاجِبْ المَـنْزلي
كِـتَابَـة الحَـرْفْ «صَ»

ص

ص

ص

ص

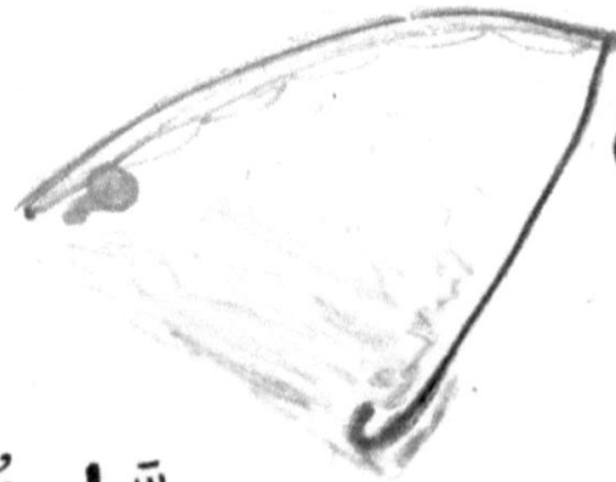

ص

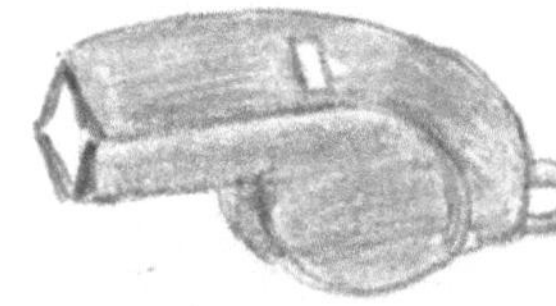

صَفَّارَةٌ صُنْدُوقٌ

صِنَّارَةٌ مِقَصْ

كتابة:

صَ

صُ

صِ

صْ

المَقْطَعْ السَّاكِن أَصْ

ص

الحَرْفُ "ص" مَعَ حُرُوفِ المَدِّ ا، و، ي

صَا

صُو

صِي

صَاروخ صُورة قصِير

ض

التَّنْوِيْنْ - حَرْفْ "ض"

ضًا

ضٌ

ضٍ

إخلاصًا إخلاصٌ إخلاصٍ

ض

قَلَمٌ

أُكْتُبْ حَرْفَ «قَ»

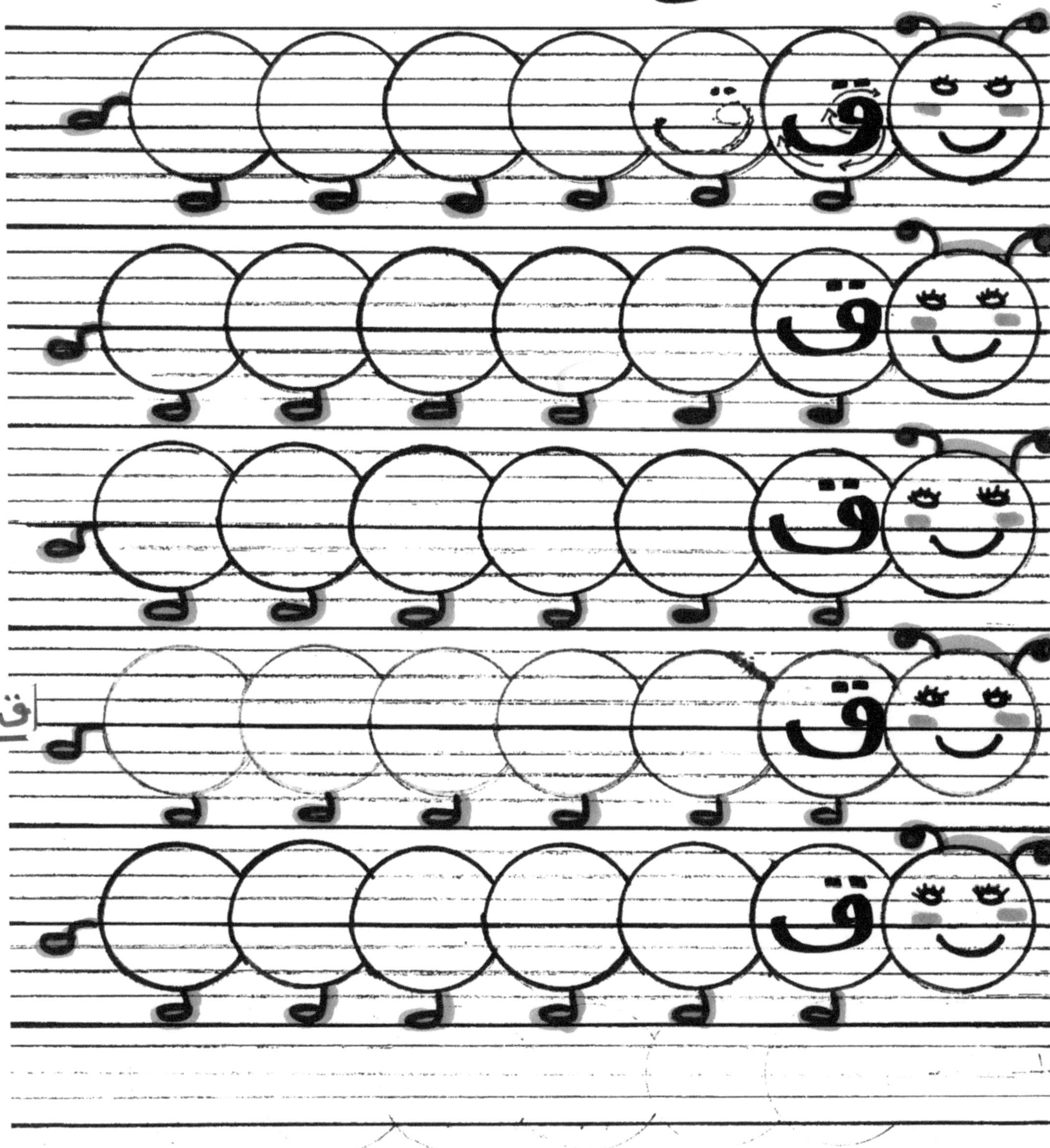

ق

ض

أَنْسُخُ الحَرْفَ «ق»

ق ق ق

ق ق ق

ق ق ق

ق ق ق

الـوَاجِـبْ المَنْزِلِي

كِتَابَة حَرْف "ق"

ق

ق

ق

ق

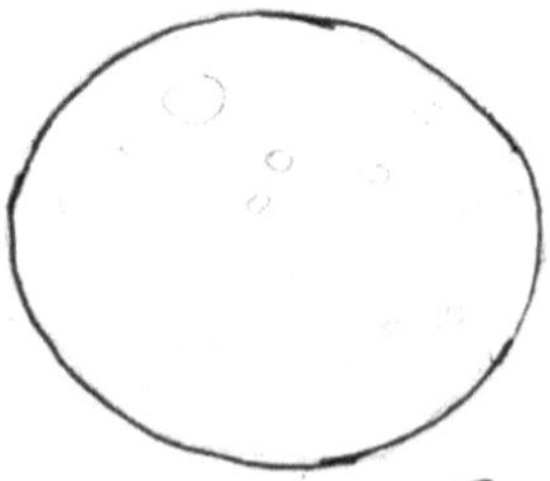 

قَمَرٌ قُنْفُذٌ

حَقِيبَةٌ لَقْلَقٌ

كتابة:

قَ

قُ

قِ

قْ

المَقْطَعُ السَّاكِنُ أَقْ

ض

أَكْتُبُ الحَرْفَ "ق" مَعَ حُرُوفِ المَدِّ ا، و، ي

قَـا

قُـو

قِـي

برتقَال نقُود حقِيبة

ض

التَّنْوِينْ حَرْفْ "ق"

قـ - ق

قًا

قٌ

قٍ

رفيقًا رفيقٌ رفيقٍ

ض

رِيشَةٌ

أَكْتُبُ حَرْفْ «ر»

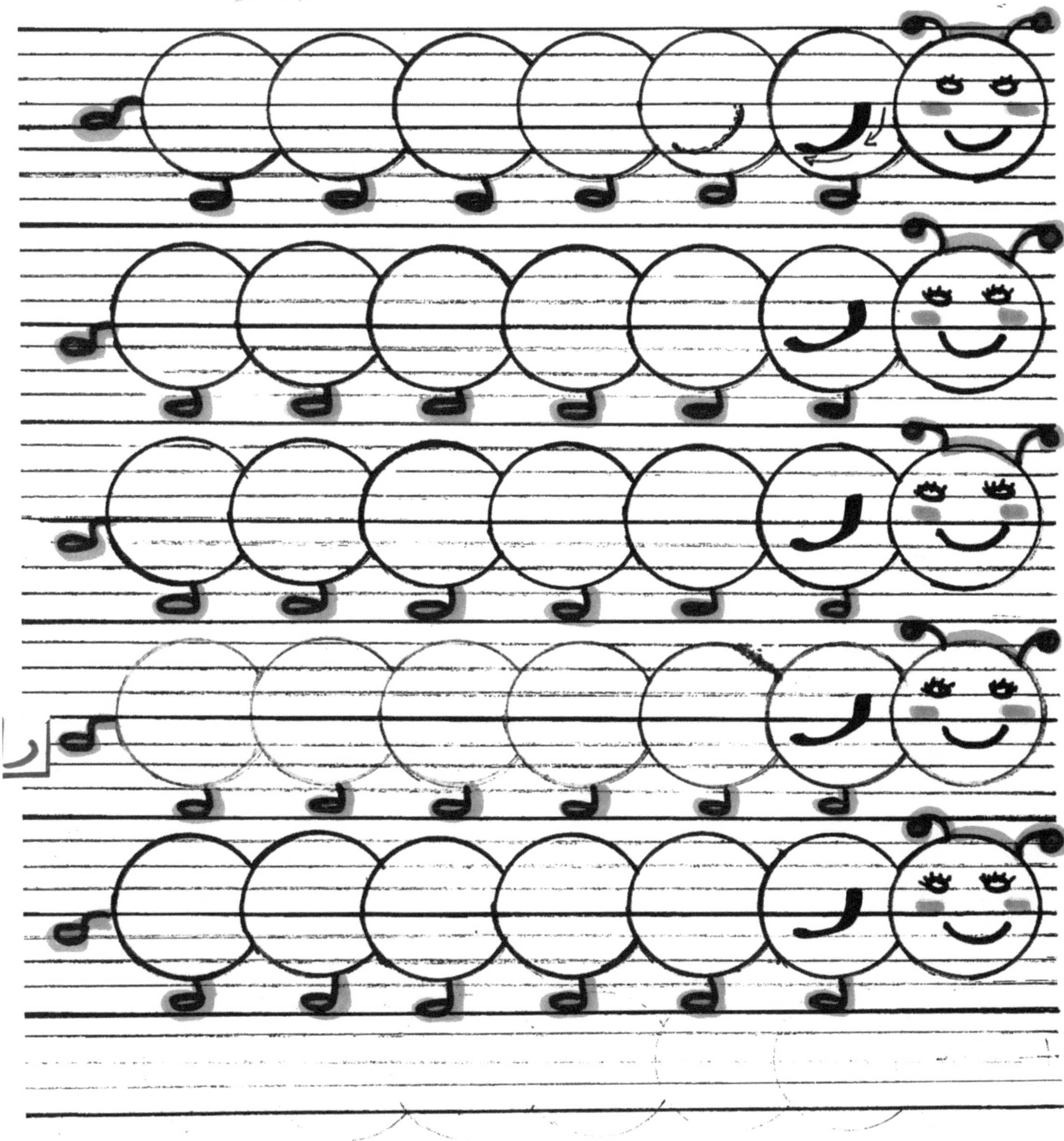

ض

أَنْسُخُ الحَرْفَ «ر»

3
2
1

ر

ر

ر

ر

الـوَاجِـبْ الـمَنْزِلِي
كِتَابَة الـحَّرْفْ «ر»

ر

ر

ر

ر

جَرَسٌ

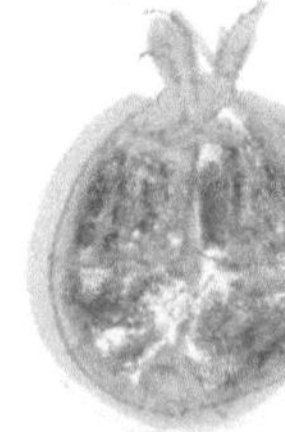

رُمَّانٌ

سَرِيْرٌ

فَرَاوْلَة

كتابة:

رَ

رُ

رِ

رْ

المَقْطَع السَّاكِن أَرْ

ض

الحَرْفُ "ر" مَعَ حُرُوفِ المَدِّ ا، و، ي

رَا

رُو

رِي

زَرَافة خَرُوف رِيشَة

ض

التَّنْوِيْنْ حَرْفْ "رٌ"

رًا

رٌ

رٍ

بصرًا بصرٌ بصرٍ

ض

شَجَرَةٌ

أَنْسُخُ الحَرْفَ «شْ»

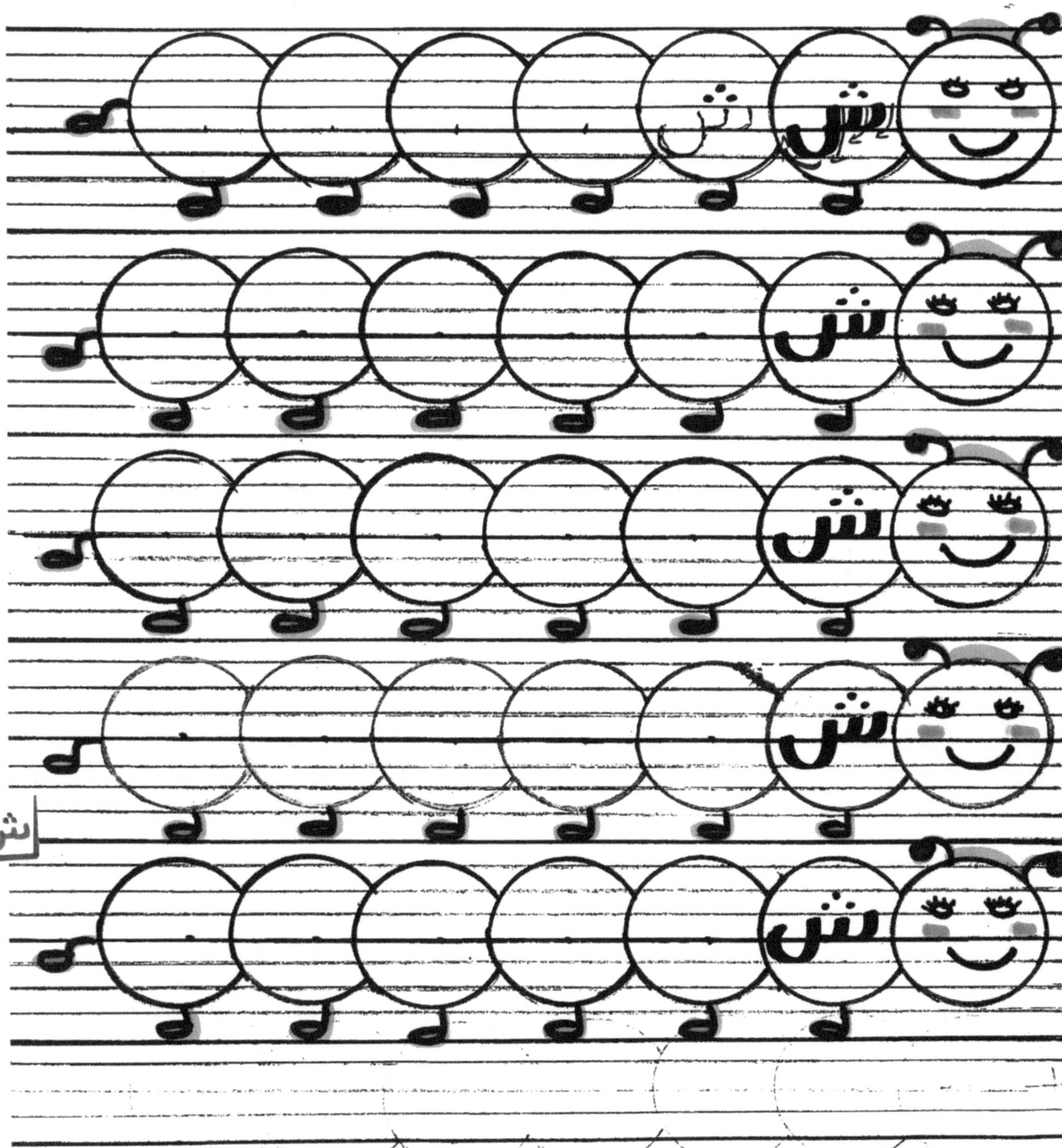

ش

ض

أَنْسُخُ حَرْفَ «ش»

3
2
1

ش ش ش

ش ش ش

ش ش ش

ش ش ش

ض

الوَاجِبْ المَنْزِلِي

كِتَابَةِ الحَرْفْ «شَ»

ش

ش

ش

ش

شَمْسٌ

شُرْطِيٌّ

شِبْلٌ

مشْمش

كتابة:

شَ

شُ

شِ

شْ

المَقْطَعُ السّاكن أَشْ

ص

الحَرْفُ "ش" مَعَ حُرُوفُ المَدِّ ا،و،ي

شَا

شُو

شِي

شَارِع قُشُور نَشِيط

ض

التَّنْوِينْ ـ حَرْفْ "ش"

شًا

شٌ

شٍ

كبشًا كبشٌ كبشٍ

تُفَّاحٌ

أَكْتُبُ الحَرْفَ «ت»

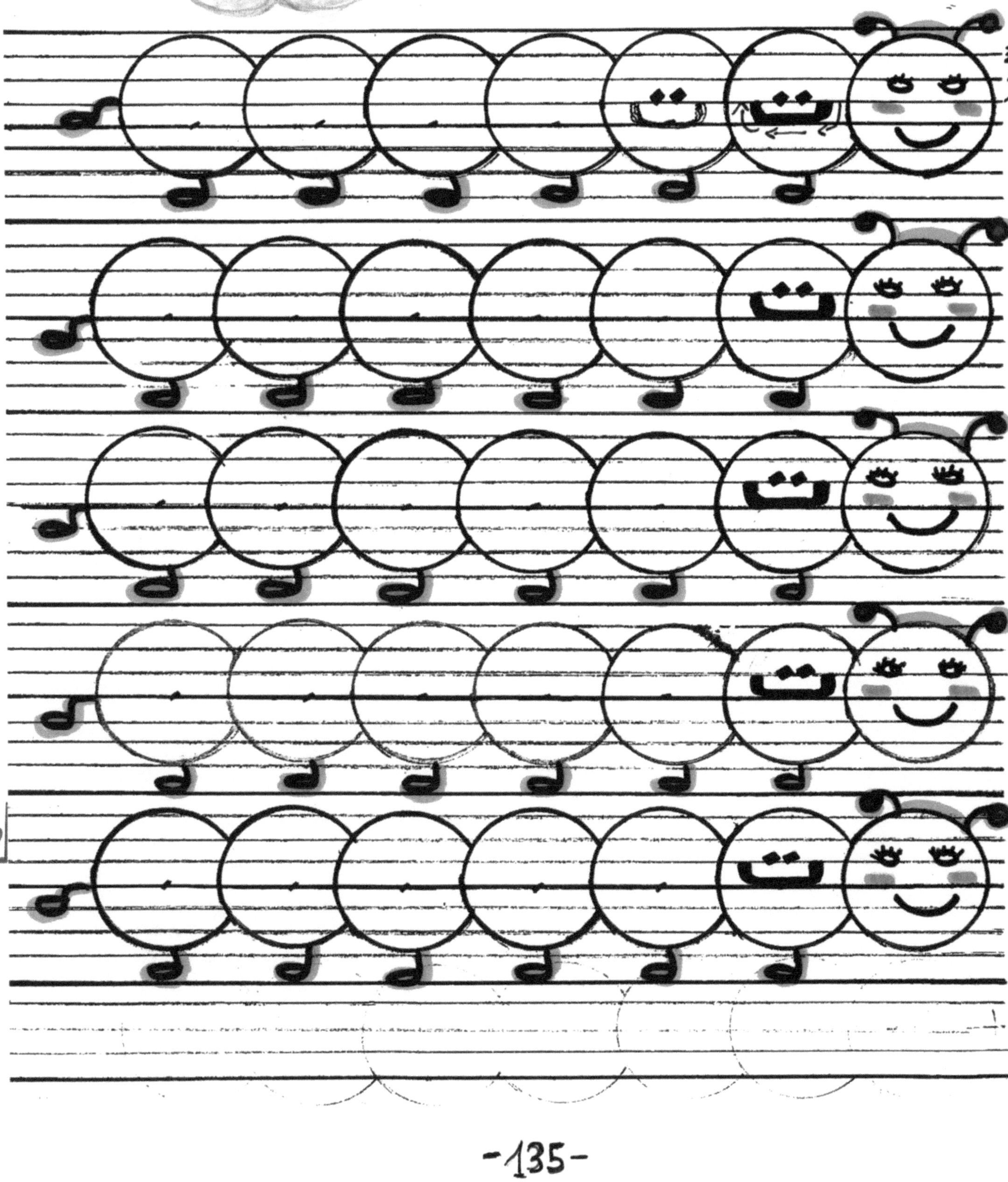

ت

ض

أَنْسُخُ الحَرْفَ «ـتـ»

ـتـ

ـتـ

ـتـ

ـتـ

ـتـ

ض

الوَاجِبْ المَنْزِلِي

كِتَابَة الحَرْفْ "ت"

ت

ت

ت

ت

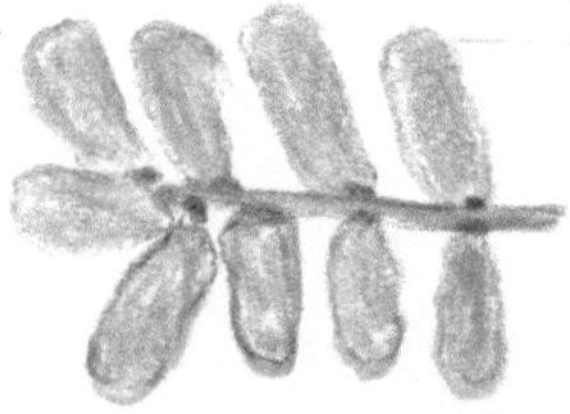

تَمْرٌ

تُوتٌ

تِينٌ

نَبَاتٌ

كتابة:

تَ

تُ

تِ

تْ

المَقْطَعُ السَّاكِنُ أَتْ

ض

الحَرْفُ "ت" مَعَ حُرُوفِ المَدِّ ا، و، ي

تَـا

تُـو

تِـي

تَاج تُوت تِين

ضر

التَّنْوِيْن حَرْف "ت"

تًـا

تٌ

تٍ

بيتًا بيتٌ بيتٍ

ض

ثُومٌ

أَكْتُبُ حَرْفَ "ث"

ث

ض

أَنْسُخُ الحَرْفَ "ث"

3
2
1

ث ث ث

ث ث ث

ث ث ث

ث ث ث

ث ث ث

ض

الوَاجِبْ الـمَنْـزِلِي

كِـتَـابَة حَـرْفْ "ث"

ث

ث

ث

ث

ثَلاثَةٌ

ثُقْبٌ

ثِيَابٌ

إِثْنَانِ

كتابة:

ثَ

ثُ

ثِ

ثْ

المقطع الساكن أَثْ

ض

الحَرْفُ "ث" مَعَ حُرُوفِ المَدِّ ا، و، ي

ثَا

ثُو

ثِي

ثَابت ثُوم ثِيران

التَّنْوِينْ حَرْفْ "ث"

ثًا

ثٌ

ثٍ

باحثًا باحثٌ باحثٍ

ض

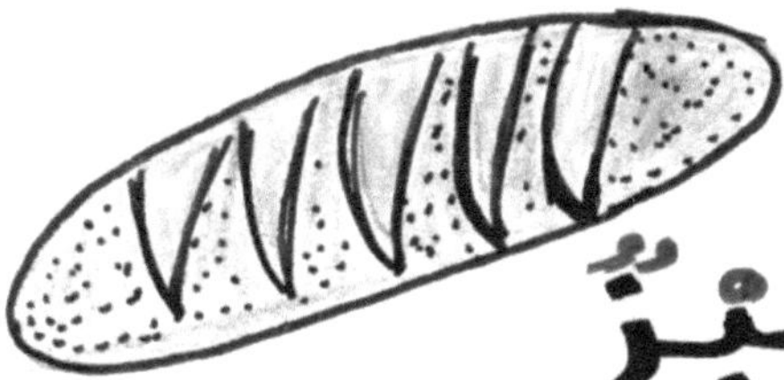

أَكْتُبُ حَرْفَ "خ" خُبْزٌ

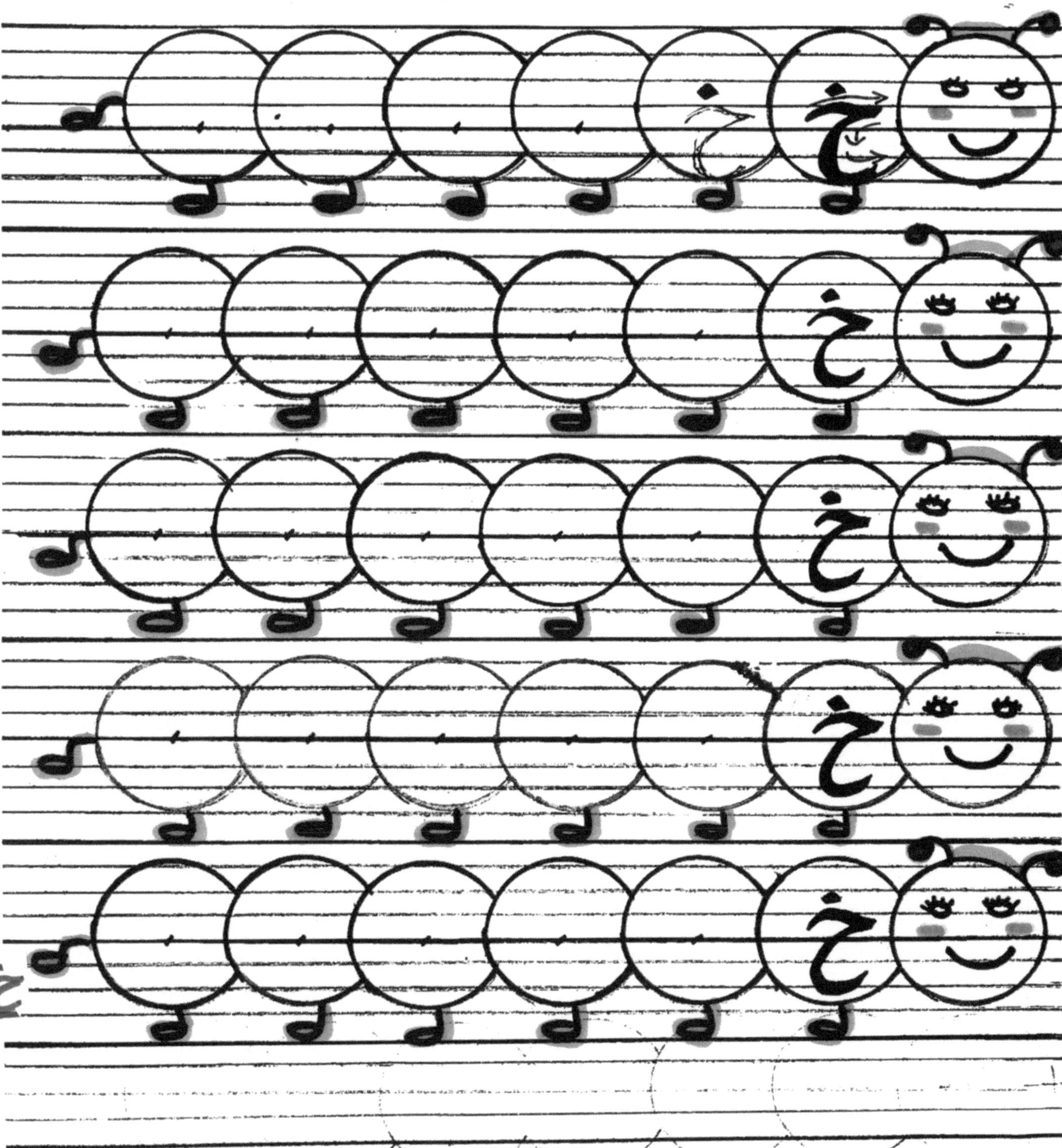

خ

ض

أَنْسَخُ حَرْفَ "خ"

خ خ خ خ

خ خ خ خ

خ خ خ خ

خ خ خ خ

ض

الوَاجِبْ المَنْزِلِي

كِتَابَة الحَرْف «خ»

خ

خ

خ

خ

خَسٌّ خِيَارٌ خُوخٌ نَخْلَةٌ

كتابة:

خَ

خُ

خِ

خْ

المَقْطَعُ السَّاكِنْ أَخْ

ض

الحَرْفُ "خ" مَعَ حُرُوفُ المَدِّ ا، و، ي

خَا

خُو

خِي

خَاتم بخُور نخِيل

ض

التَّـنْـوِيْنِ حَرْفْ "خ"

خًا

خٌ

خٍ

طَبّاخًا طَبّاخٌ طَبّاخٍ

ض

ذِرَاعٌ

أَكْتُبُ الحَرْفَ «ذ»

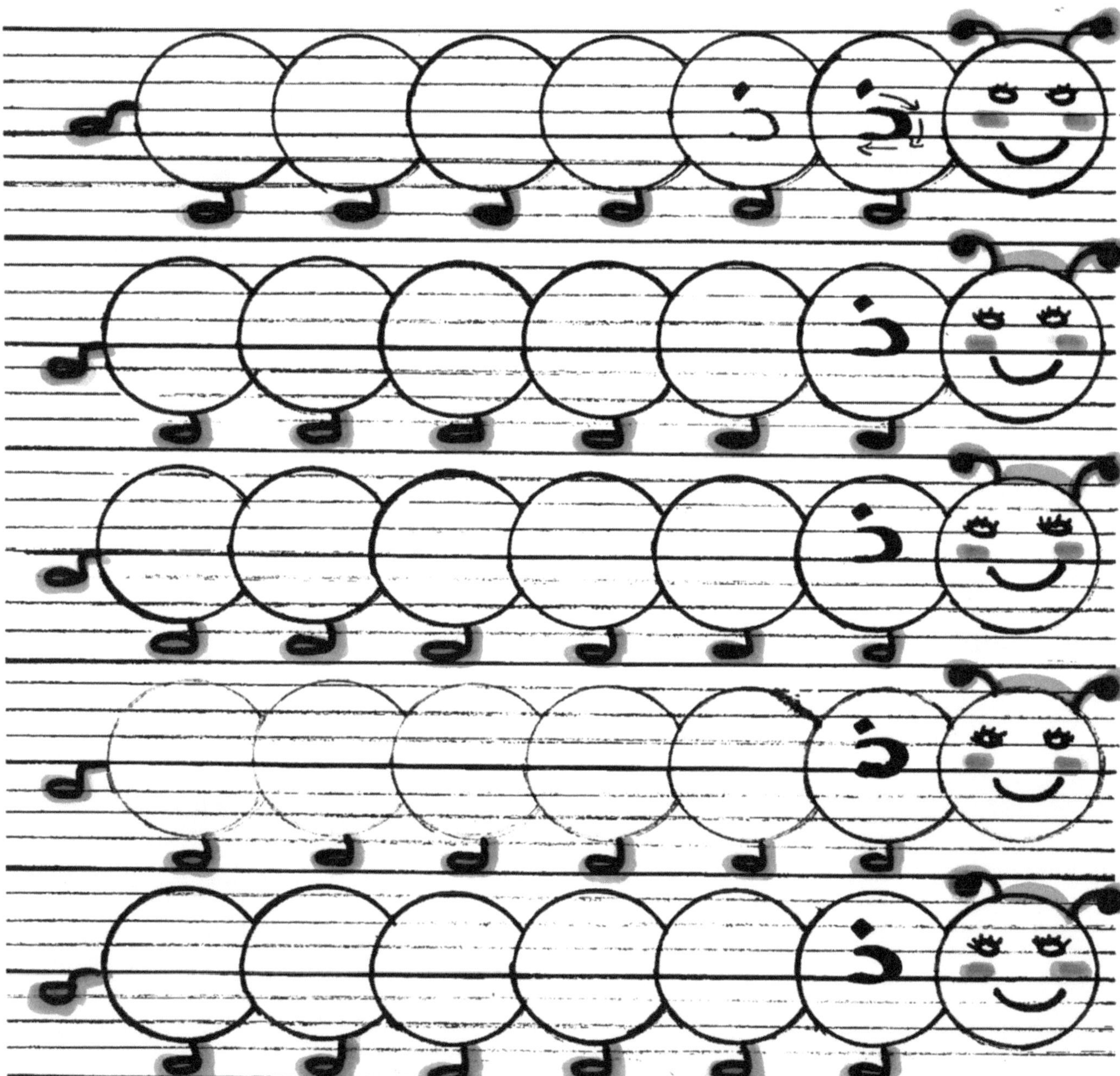

ذ

ض

أَنْسُخُ الحَرْفَ "ذ"

3
2
ذ ذ ذ ذ 1

ذ ذ ذ ذ

ذ ذ ذ ذ

ذ ذ ذ ذ

الـوَاجِبْ الـمَنْزِلِي

كِـتَابَة الحَّرْفْ «ذ»

ذ

ذ

ذ

ذ

ذ

ذَيْلٌ

ذُرَةٌ

ذِقْنٌ

مِذْيَاعٌ

كتابة:

ذَ

ذُ

ذِ

ذْ

المَقْطَع السَّاكِنْ أَذْ

ض

حَرْفُ "ذْ" مَعَ حُرُوفِ المَدِّ ا، و، ي

ذَا

ذُو

ذِي

رَذَاذ بُذُور مِذِيع
غِذَاء

ض

التَّنْوِينِ حَرْفِ «ذ»

ذًا

ذٌ

ذٍ

تلميذًا تلميذٌ تلميذٍ

ض

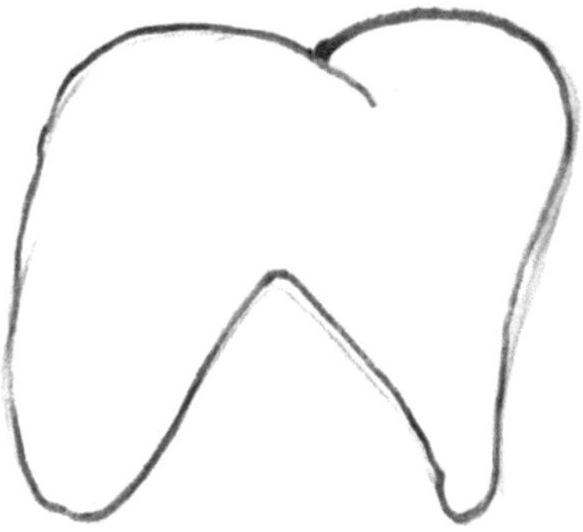

ضِرْسٌ

أَكْتُبُ حَرْفَ «ض»

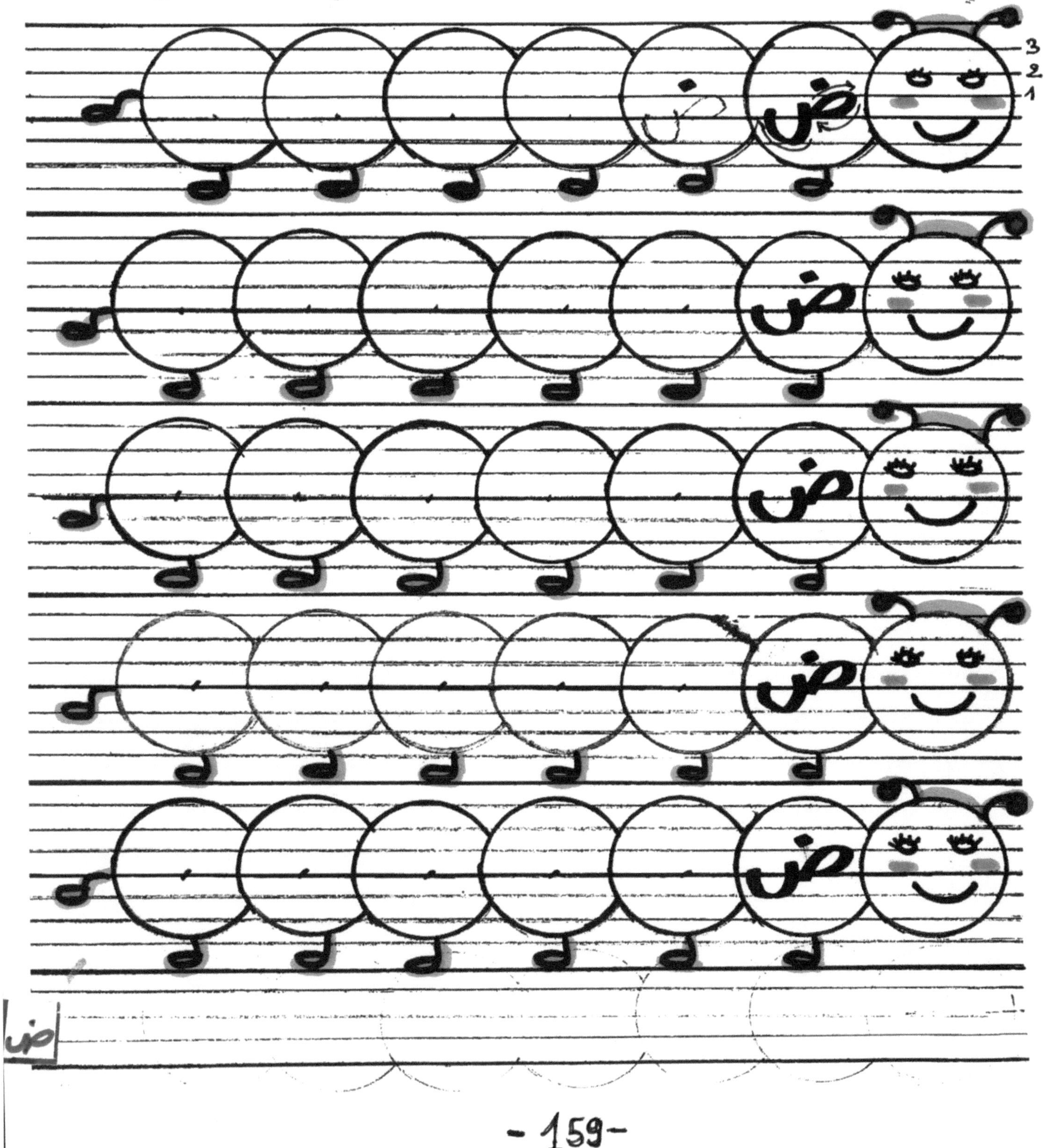

ض

أَنْسُخُ حَرْفَ «ض»

ض

ض

ض

ض

أَكْتُبُ الحَرْفَ «ض»

ض

ض

ض

ض

ض

ضَفِيرَةٌ

غُرْفَةُ ضُيُوفْ

رَضِيعٌ

مِضْرَبٌ

كتابة:

ضَ

ضُ

ضِ

ضْ

المَقْطَعُ السَّاكِنْ أَضْ

ض

حَرْفُ "ضَ" مَعَ حُرُوفِ المَدِّ ا،و،ي

ضَا

ضُو

ضِي

خَضَار وضُوء رضِيع

ض

حرف ض

التَّنْوِيْنْ مَعَ حُرُوفْ المَدِّ ا، و، ي

ضًا

ضٌ

ضٍ

أرضًا أرضٌ أرضٍ

ظَرْفٌ

أَكْتُبُ الحَرْفَ «ظ»

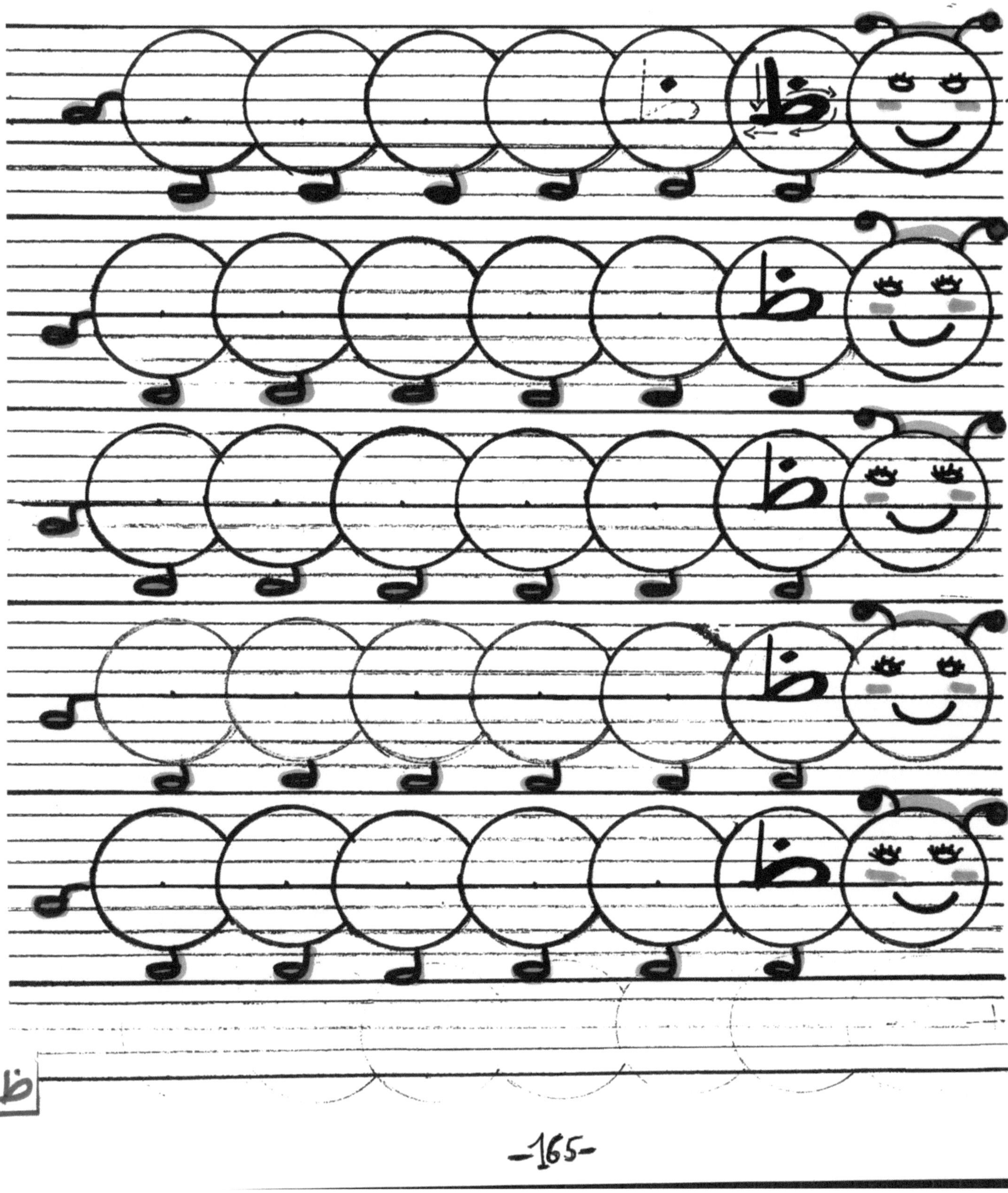

ظ

ض

أَنْسُخُ الحَرْفَ "ظ"

3 2 1

ظ

ظ

ظ

الــوَاجِـبُ المَنْزِلِي
كِـتَابَة الحَرْفْ «ظ»

ظ

ظ

ظ

ظ

ظ

ض

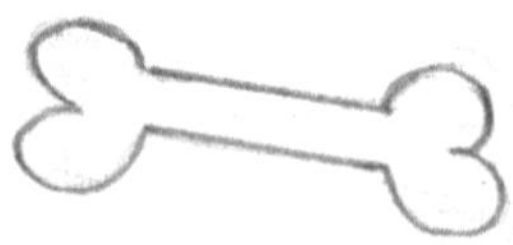

مِظَلَّةٌ ظُفُرٌ ظِلٌّ عَظْمٌ

كتابة:

ظَ

ظُ

ظِ

ظْ

المَقْطَع السَّاكِن أَظْ

ض

أَكْتُبُ الحَرْفُ «ظ» مَعَ حُرُوفْ المَدِّ ا،و،ي

ظَا

ظُو

ظِي

ظَالم منظُور نظِيف

ض

التَّنْوِينْ ـ حَرْفْ "ظ"

ظًا

ظٌ

ظٍ

حفظًا حفظٌ حفظٍ

ض

أَكْتُبُ حَرْفَ «غ»

غَيْمَةٌ

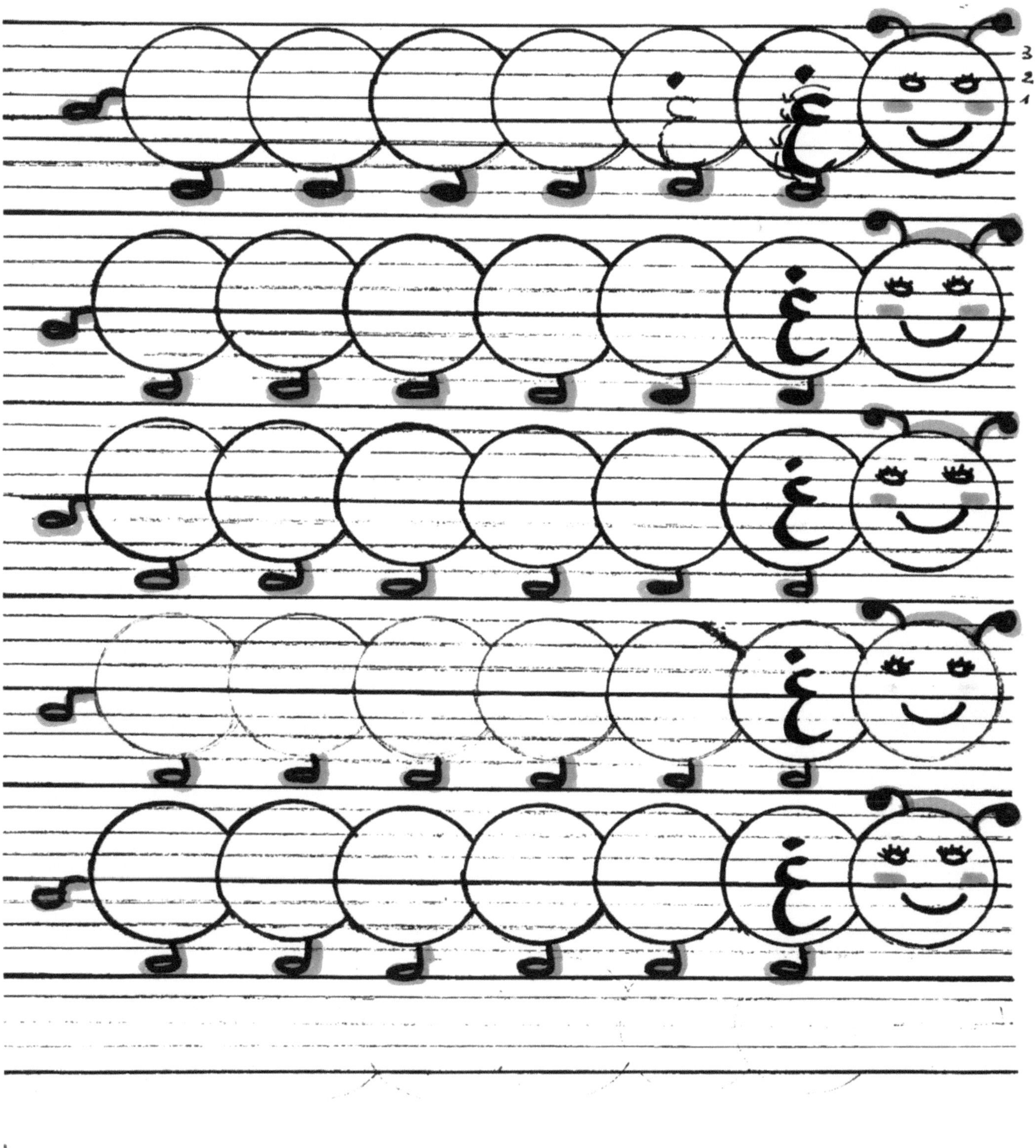

ض

أَنْسُخُ حَرْفَ «غ»

3
2
1

غ غ غ

غ غ غ

غ غ غ

غ غ غ

ض

الوَاجِبْ المَنْزِلِي
كِتَابَةُ الحَرْفُ «غ»

غ

غ

غ

غ

ض

غَزَالٌ

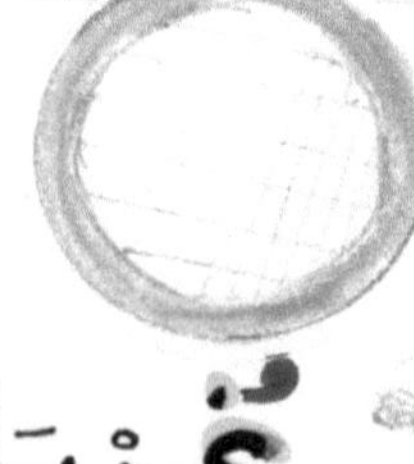

غُرْبَالٌ

غِرَاءٌ

رَغْوَةٌ

كتابة:

غَ

غُ

غِ

غْ

المَقْطَعُ السَّاكِنْ أَغْ

ض

حَرْفُ «غ» مَعَ حُرُوفُ **المَدِّ** ا، و، ي

غ = غـ

غَـا

غُـو

غِـي

غَابة غُوريلا برغِي

ض

التَّنْوِينْ حَرْفْ "غ"

غ ـغـ

غًا

غٌ

غٍ

فراغًا فراغٌ فراغٍ